HEYNE BÜCHER

D1855350

HEYNE KOCHBÜCHER

ESSEN WIE GOTT IN DEUTSCHLAND

Die deutsche Küche von
12 Meisterköchen
auf neue Art zubereitet

FOLGE 1

WILHELM HEYNE VERLAG
MÜNCHEN

HEYNE KOCHBUCH
Nr. 07/4497

2. Auflage

Genehmigte Taschenbuchausgabe
Printed in Germany 1988
Umschlaggestaltung: Atelier Ingrid Schütz
Rezeptzusammenstellung, Köche-Portraits:
Mario Scheuermann
Fotografie: Arnold Zabert, Walter Cimbal
Satz: Partner Satz, Ingolstadt
Druck und Bindung: Appl, Wemding

ISBN 3-453-02698-5

Der Inhalt

Essen – der schönste

Kaum ein anderer Bereich unseres täglichen Lebens hat sich in jüngster Zeit so enorm gewandelt wie unsere Eßgewohnheiten. Die Gastronomie reagierte darauf mit Fast-Food-Lokalen und Feinschmecker-Restaurants. Gleichzeitig wurde aber das Selberkochen zu einem der beliebtesten Hobbys der 80er Jahre.

Besser, leichter, gesünder – das ist der gemeinsame Nenner, auf den sich diese kulinarische Revolution bringen läßt. Begonnen hatte alles in Deutschland Anfang der 70er Jahre, als Eckart Witzigmann, ein Österreicher, in München das neueröffnete Restaurant »Tantris« übernahm. Bei ihm erlernte eine ganze Generation junger, ehrgeiziger Köche ihr Handwerk und eine neue kulinarische Moral. Andere Spitzenköche folgten Witzigmanns Beispiel.

Inzwischen haben die Superstars der Gourmet-Szene längst ihre Schüler in die heimatlichen Provinzen entlassen. Und dort fand dann eine erstaunliche Wiederentdeckung statt, mit der niemand gerechnet hatte. Die begabten Jungstars begannen sich nämlich mit den halbvergessenen deutschen Regionalküchen zu beschäftigen und die bäuerlichen und bürgerlichen Traditionen wieder zum Leben zu erwecken.

Heute kochen sie überall in den deutschen Landen eine neue Großmutterküche mit raffinierten Highlights. Was bedeutete dieser Trend für den ambitionierten Hobby-Koch? Einkauf bester einheimischer Produkte. Produkte, die vor der Haustür wachsen und überall angeboten werden. Produkte, die frisch auf den Tisch kommen.

Zubereitung unter Berücksichtigung aller modernen ernährungswissenschaftlichen Erkenntnisse. Das heißt: Kurze, schonende Garzeiten, wo immer sie möglich sind. Sparsamer Gebrauch von Fetten, Anwendung neuer Küchentechniken, optimaler Einsatz von Gewürzen. Denn die Gerichte der Neuen Deutschen Küche sollen herzhaft schmecken wie einst.

Das Schönste an diesem kulinarischen Trend ist die Tatsache, daß die Köche kein Geheimnis aus ihrer Kunst machen. Nicht nur an Kollegen geben sie bereitwillig ihre Rezepte weiter – die Elite unter ihnen ließ sich bei der Zubereitung ihrer Spezialitäten gerne von der Fernsehkamera auf die Finger sehen.

Essen wie Gott in Deutschland – das sollte nicht das Vorrecht einer kleinen Elite bleiben.

12 Spitzenköche aus allen Teilen unseres Landes haben dafür Gerichte kreiert – vom kleinen Salatimbiß über den veritablen Sonntagsbraten bis zum delikaten Dessert. Es sind Rezepte für das Essen zu zweit, im Familienkreis oder für ein Feinschmekkerfest unter Freunden.

Wenn Sie danach kochen wollen, brauchen Sie keine Profikenntnisse zu haben – die normale Küchenerfahrung genügt. Die Zubereitungsweise der Gerichte wird genau beschrieben, zum Teil in Schritt-für-Schritt-Fotos verdeutlicht. Die Erklärung fachtechnischer Ausdrücke finden Sie ebenso in dem Kleinen Lexikon am Ende des Buches wie ausführliche Produkt-Informationen.

Die Voraussetzungen sind also ideal, damit das Loblied auf die Neue Deutsche Küche nicht nur von berühmten Solisten vorgetragen wird, sondern vom großen Chor jener, die gern gut essen.

In der Folge 2 von »Essen wie Gott in Deutschland« (Heyne-Taschenbuch 07/4558) werden die nächsten 12 Spitzenköche mit ihren Menüs aus der Fernsehserie vorgestellt, darunter so bekannte Köche wie Josef Viehhauser, Dieter Müller und Heinz Winkler.

Die Köche und ihre Gerichte

Wenn Sie sich selbst ein Menü zusammenstellen wollen

ESSEN WIE GOTT IN DEUTSCHLAND

Vorspeisen

Hauptspeisen

Nachspeisen

1
Morsum
Kiel
2
Hamburg
Bremen
3
Berlin
Hannover
Senden
Düsseldorf
Kassel
4
Köln
5
Aachen
7
6
Wiesbaden
Maintal
Guldental
Frankfurt
Mainz
Coburg
8
Wasserliesch
Wertheim
Würzburg
Nürnberg
Saarbrücken
Blaufelden
11
Bühl
10
Schwäbisch-
Gmünd
9
Niederaichbach
Stuttgart
Baiersbronn
Oberbergen
12
München
Freiburg
Hergensweiler

Wenn Sie bei den Spitzenköchen einkehren wollen

1. **NÖSSE**
   Jörg Müller
   Nösistig
   2280 Morsum/Sylt

2. **FISCHEREIHAFEN-RESTAURANT**
   Rüdiger Kowalke/
   Wolf-Dieter Klunker
   Große Elbstraße 143
   2000 Hamburg 50

3. **ROCKENDORFS RESTAURANT**
   Siegfried Rockendorf
   Düsterhauptstraße 1
   1000 Berlin 28

4. **GOLDENER PFLUG**
   Herbert Schönberner
   Olpener Straße 421
   5000 Köln 91

5. **GALA**
   Gerhard Gartner
   Monheimsallee 44
   5100 Aachen

6. **HESSLER**
   Doris Katharina Hessler
   Am Bootshafen 4
   6457 Maintal

7. **DIE ENTE VOM LEHEL**
   Hans-Peter Wodarz/
   Herbert Langendorf
   Kaiser-Friedrich-Platz 3
   6200 Wiesbaden

8. **SCHEID**
   Hubert Scheid jun.
   Reinigerstraße 48
   5505 Wasserliesch

9. **BERGCAFÉ**
   Helmut Krausler
   Georg-Baumeister-Straße 25
   8301 Niederaichbach

10. **POSTILLON**
    Vincent Klink
    Königsturmstraße 35
    7070 Schwäbisch-Gmünd

11. **BURG WINDECK**
    Peter Wehlauer
    Kappelwindeckstraße 104
    7580 Bühl

12. **AUBERGINE**
    Eckart Witzigmann
    Maximiliansplatz 5
    8000 München 2

JÖRG MÜLLER

Mit dem verwegen nach oben gedrehten Schnauzbart weckt er leicht Erinnerungen an Dumas' drei Musketiere, speziell an den lebenslustigen und trinkfreudigen Porthos. Das ist ein Typ, mit dem möchte sich manch ein Gast gern im Weinkeller einschließen, um ein richtiges Faß aufzumachen.

Doch nicht nur in puncto Frohsinn und Lebensart gibt es zwischen Jörg Müller, dem Gastronomen, und dem literarischen Haudegen eine Parallele. Da wäre auch noch Müllers Mut zum Risiko. Ausgerechnet an einem der entlegensten Punkte der Republik, nämlich im Ostzipfel der Ferieninsel Sylt, direkt am Wattenmeer, machte er sich im Restaurant Nösse selbständig. Die Zahl der Skeptiker war groß, als er das reetgedeckte Anwesen – von einer Immobilienfirma als Abschreibungsobjekt gebaut – übernahm.

Nun, wenn man Jörg Müller heißt und ein Jahrzehnt lang die kulinarischen Geschicke der »Schweizer Stuben« in Wertheim gelenkt hat, spielt offenbar der Standort des Lokals kaum eine Rolle. Im Gegenteil: Mit ihm kam Bewegung in die gastronomische Szene der Insel. Morsum wurde über Nacht ihr kulinarischer Mittelpunkt.

Mit diesem Lokal sind nicht nur für Sylt, sondern für die ganze Küste neue Maßstäbe gesetzt worden. Das »Nösse« zählt heute zu den zehn besten deutschen Restaurants.

Natürlich bleibt Jörg Müller auch hier der leichten modernen Küche mit frischen Naturprodukten treu. Tagesfrische ist für ihn ein absolutes Gebot, eine geheiligte Regel. Mit dem Wechsel vom Main an die Nordsee hat er seine Liebe zu den Produkten und Gerichten der nordfriesischen Küche entdeckt: Sylter Austern, die Morsumer Käsevariationen vom frischen Quark bis zum abgelagerten, reifen Ziegenkäse, Munkmarscher Muschelteigtaschen und vor allem die Lämmer von den Salzwiesen des Deichvorlandes, die eine echte Delikatesse sind. Kunstvoll gart er die Rücken im Wirsingmantel oder backt das Fleisch der Keulen gehackt im Strudelteig. Der Norden ist längst keine Feinschmecker-Öde mehr, sondern ein reich gedeckter Tisch. Und daran sind Müller und sein Team nicht ganz unschuldig.

Munkmarscher Muschelteigtaschen

250 g Mehl
4 Eier, 1 Eiweiß
etwas Wasser
1 TL Öl
1 kg frische Miesmuscheln
150 g Zanderfilet
1/2 kleine Schalotte
50 g Butter
1/4 l trockener Weißwein
1/4 l Fischfond (siehe Küchenlexikon)
1 kleine Stange Lauch
1 kleine Möhre
3 Zweige Petersilie
150 g kalte süße Sahne
1 Msp. Safranpulver
8 Safranfäden
je 1 Spritzer trockener Sherry und Wermut
Salz, Pfeffer

1. Mehl mit 2 Eiern, 1 Eigelb, 1–2 EL Wasser, 1 TL Öl sowie einer Prise Salz zu einem festen Teig verarbeiten und 30 Minuten ruhen lassen.
2. Die Muscheln gründlich in kaltem Wasser säubern. Den Muschelbart (Fäden) entfernen.
3. Das Zanderfilet in kleine Würfel schneiden, leicht salzen und mit einem Eiweiß mischen.
4. Etwa 15 Minuten im Gefriergerät anfrosten.
5. Die gewürfelte Schalotte in zerlassener Butter andünsten.
6. Gesäuberte Muscheln zugeben. Mit dem Weißwein ablöschen und den Fischfond angießen.
7. Aufkochen und zugedeckt 3 Minuten bei geringer Hitze ziehen lassen.
8. Die Muscheln herausnehmen, das Muschelfleisch aus den Schalen lösen und kühl stellen.
9. Lauch und Möhre putzen, waschen und in feine Streifen schneiden.
10. Die Petersilie fein hacken, Stiele für den Sud beiseite legen.
11. Das angefrostete Zanderfilet in einem Zerkleinerer oder mit einem Pürierstab pürieren. Nach und nach die kalte Sahne untermischen.
12. Das Muschelfleisch grob hacken und unter das Fischmus rühren. Mit Salz, frisch gemahlenem Pfeffer und gehackter Petersilie abschmecken.
13. Den Muschelsud mit zwei Eiweiß und den Petersilienstielen unter ständigem Rühren aufkochen lassen, bis das Eiweiß gerinnt. Dann durch ein mit einem Tuch ausgelegtes Sieb gießen.
14. Den Nudelteig zum Entspannen mehrmals ausrollen oder durch die glatte Walze einer Nudelmaschine geben.
15. Dann den Teig hauchdünn in 10 cm breite Bahnen ausrollen.
16. 1 Eigelb mit 1 EL kaltem Wasser verdünnen und die Teigstreifen damit bestreichen.
17. Kleine Häufchen von der Muschelfüllung längs auf eine Hälfte der Teigstreifen setzen.
18. Den Teig zu einer Tasche umschlagen und die Ränder andrükken. Mit einem Teigrädchen kleine Taschen ausradeln.
19. In heißem Salzwasser 3–4 Minuten gar ziehen lassen.
20. Den geklärten Muschelsud mit den Lauch- und Möhrenstreifen aufkochen lassen.
21. Den Safran zugeben, mit Salz, frisch gemahlenem Pfeffer, Sherry und Wermut abschmecken.
22. Die abgetropften Teigtaschen in den Safransud geben. Nach Belieben mit frisch gekochten Muscheln (mit Schale) anrichten.

Lammstrudel mit Wirsing

1 Kopf Wirsing (750 g)
1 mittelgroße Zwiebel
1 Knoblauchzehe
50 g Butter
1/8 l Fleischbrühe (siehe Küchenlexikon)
evtl. etwas trockener Weißwein
3 Zweige Petersilie
4 tiefgefrorene Blätterteigplatten (ca. 240 g)
500 g Lammhackfleisch (nicht zu fein)
2 Eier
1 Zweig Thymian
1 Zweig Oregano
1 Eigelb
Salz, Pfeffer

1. Den Wirsing entblättern, dicke Stiele und dunkelgrüne, harte Blätter entfernen. Vier schöne, ganze Blätter beiseite legen.
2. Den übrigen Wirsing in 3–4 cm große Stücke schneiden.
3. Die Zwiebel und die Knoblauchzehe würfeln und in 30 g zerlassener Butter andünsten.
4. Dreiviertel der kleingeschnittenen Wirsingmenge dazugeben. Mit Salz und frisch gemahlenem Pfeffer leicht würzen.
5. Die Fleischbrühe aufgießen, eventuell etwas Weißwein zugeben. Zugedeckt etwa 10 Minuten bei geringer Hitze garen.
6. Die Petersilie hacken.
7. Die Blätterteigscheiben nebeneinander auftauen lassen.
8. Das Lammhackfleisch mit Eiern, Thymian- und Oreganoblättchen, Salz, Pfeffer und gehackter Petersilie verkneten.
9. Den gegarten Wirsing beiseite stellen und auskühlen lassen.
10. Die vier ganzen Wirsingblätter 1–2 Minuten in Salzwasser kochen, kalt abschrecken und trockentupfen.
11. Den übrigen kleingeschnittenen Wirsing in Salzwasser aufkochen, abschrecken und abtropfen lassen.
12. Mit einem Küchentuch trockentupfen, unter die Hackfleischmasse mischen und würzig abschmecken.
13. Die vier Wirsingblätter so nebeneinanderlegen, daß sie eine große Fläche bilden.
14. Hackfleischfüllung daraufstreichen und alles vorsichtig wie eine Roulade aufrollen.
15. Die Blätterteigscheiben auf einer bemehlten Arbeitsfläche aneinanderreihen. Je eine Längsseite mit Wasser bestreichen; die nächste Blätterteigscheibe daransetzen.
16. Hauchdünn ausrollen und die Wirsing-Hackfleisch-Rolle in den Teig einhüllen.
17. Auf ein mit Wasser abgespültes Backblech setzen.
18. Eigelb mit 1 EL Wasser verdünnen und auf das Teigpaket streichen.
19. Im vorgeheizten Backofen bei 200 Grad in ca. 18–20 Minuten braun backen.
20. Beiseite gestellten Wirsing erhitzen, die übrige Butter unterrühren. Falls notwendig, etwas nachwürzen.
21. Den Lammstrudel vor dem Aufschneiden etwa 10 Minuten ruhen lassen.
22. Mit dem gedünsteten Wirsing und eventuell mit Lammbrühe, die mit einigen kalten Butterflöckchen leicht gebunden wurde, anrichten.

Eingelegter Ziegenkäse

1 Bund frischer oder 1 TL getrockneter Thymian
1 kleines Bund Basilikum
2 kleine Bund Petersilie
3–4 Knoblauchzehen
0,1 l Olivenöl
0,3 l Tafelöl
400–500 g frischer Ziegenkäse
1 TL zerdrückter Pfeffer
1 TL Salz

1. Die Thymian- und Basilikumblättchen von den Stielen zupfen. Die großen Basilikumblätter und die Petersilie fein schneiden.
2. Die Knoblauchzehen ebenfalls fein schneiden.
3. Die Kräuter und den Knoblauch mit den beiden Ölen vermischen und mit Pfeffer und Salz würzen.
4. Den Käse in grobe Stücke zerteilen und mit der Kräuter-Öl-Mischung abwechselnd in ein Einmachglas einfüllen.
5. Etwa 2–3 Tage im Kühlschrank abgedeckt durchziehen lassen. Der eingelegte Käse hält sich etwa eine Woche.
6. Die Käsestücke portionsweise auf Tellern anrichten und jeweils mit 1 EL Würzöl überziehen. Dazu blaue und grüne Weintrauben, Walnüsse, Haselnüsse, Mandeln und Schwarzbrot servieren. Nach demselben Rezept läßt sich auch Schafskäse einlegen.

Gefüllter Ochsenschwanz in Burgundersoße

1,5 kg in Stücke zerteilter Ochsenschwanz
2 EL Öl
200 g geputzte Möhren
200 g geputzter Lauch
2 mittelgroße Zwiebeln
1 Knoblauchzehe
1 Zweig Thymian
1 Lorbeerblatt
2 EL Tomatenmark
½ l Rotwein (Burgunder)
1 l Fleischbrühe (siehe Küchenlexikon)
evtl. etwas Speisestärke
1 Stück Schweinenetz (beim Metzger vorbestellen)
2 EL Butterschmalz
½ TL grober Pfeffer
Salz

Für die Füllung:

4 altbackene Brötchen
0,1 l Vollmilch
150 g Champignons oder Pfifferlinge
60 g Butter
20 g gewürfelter Speck
1 gewürfelte Schalotte
1 Ei
1 EL gehackte Petersilie
Salz, Pfeffer

1. Die Ochsenschwanzstücke mit Salz und grobem Pfeffer würzen.
2. In heißem Öl rundherum scharf anbraten.
3. Möhren, Lauch, Zwiebeln und Knoblauchzehe in Stücke schneiden.
4. Mit dem Thymian und dem Lorbeerblatt zu den Ochsenschwanzstücken geben und mitbraten.
5. Das Tomatenmark zugeben und alles mit dem Rotwein ablöschen.
6. Etwas einkochen lassen und mit der Fleischbrühe auffüllen.
7. Aufkochen lassen und bei geringer Hitze zugedeckt ca. 1½–2 Stunden garen.
8. Die Brötchen in dünne Scheiben schneiden.
9. Die Milch kurz aufkochen lassen und über die Brötchen gießen.

10. Die Pilze putzen, säubern und zerkleinern.
11. Die Butter schmelzen lassen und die Speck- sowie die Schalottenwürfel darin andünsten.
12. Die Pilze dazugeben und mitdünsten. Mit Salz und frisch gemahlenem Pfeffer abschmecken, abkühlen lassen.
13. Sobald die Pilze und die eingeweichten Brötchen abgekühlt sind, beides mit dem Ei und der Petersilie vermengen. Mit Salz und frisch gemahlenem Pfeffer abschmecken.
14. Pro Ochsenschwanzstück einen etwa 60 g schweren Knödel aus dieser Masse formen.
15. Die Ochsenschwanzstücke aus der Soße heben und in kaltem, leicht gesalzenem Wasser abschrecken.
16. Die Soße durch ein Sieb gießen und mit etwas angerührter Speisestärke leicht binden, falls sie zu flüssig ist.
17. Das Fleisch von den Knochen lösen, dabei das Fett und die Knorpel entfernen.
18. Die Fleischstücke so um die Knödel legen, daß wieder die ursprüngliche Ochsenschwanzform entsteht. Fest andrücken.
19. Jedes gefüllte Ochsenschwanzstück dünn in etwas Schweinenetz einrollen und in heißem Butterschmalz rundherum anbraten.
20. Die Soße darübergießen und alles zugedeckt noch mal ca. 15 Minuten bei geringer Hitze köcheln lassen.
21. Die Ochsenschwanzstücke aus der Soße heben, abtropfen lassen und das Schweinenetz entfernen.
22. Auf vorgewärmten Tellern anrichten – nach Belieben aufschneiden – und mit der Soße überziehen. Dazu knackig gegarte, frische Gemüse der Saison reichen.

RÜDIGER KOWALKE und WOLF-DIETER KLUNKER

Foto: R. Kowalke (links), W.-D. Klunker (rechts)

Fisch in jeder gewünschten Art, aber stets perfekt zubereitet – Hamburgs erste Adresse hierfür ist seit einigen Jahren das »Fischereihafen-Restaurant«. Ob gebeizt, ob im Stil der Neuen Küche oder auf volkstümliche hanseatische Art – hier bekommt jeder Gast seinen Fischwunsch erfüllt. Das Spezialitätenrestaurant zwischen Lagerschuppen und Elbe wurde schlagartig berühmt, als Rüdiger Kowalke das Haus übernahm und Wolf-Dieter Klunker in die Küche holte. Für Kowalke, der zuvor viele Jahre Direktor des Hotels »Kaltenkirchener Hof« war, stand von vornherein fest, daß er ein völlig neues Kapitel in der Geschichte des Fischereihafen-Restaurants schreiben würde. Bewährtes behielt er bei, wie zum Beispiel Gertrud Hindenberg, die seit 1951 zur Mannschaft gehört, alle Hochs und Tiefs des Hauses mitgemacht und so ganz nebenbei über eine Million Schollen gebraten hat.

Doch mit der Pflege der Tradition allein, das war Kowalke klar, wäre es nicht möglich gewesen, wieder an den Weltruf anzuknüpfen, den das Haus in den 50er Jahren einmal genossen hatte. Der Hamburgischen Hausmannskost und den noch vorhandenen Elementen der großbürgerlichen Küche mußte als dritte Säule eine norddeutsche, meeresbezogene Variante der Neuen Küche beigefügt werden. Und genau dieser Dreiklang ist es, der diesem Haus heute seinen unverwechselbaren kulinarischen Charakter verleiht.

Klunker und Kowalke holen sich ihre Anregungen bei der regionalen Hausfrauenküche (Kükenragout, Aalsuppe) genauso wie in alten Kochbüchern. Ihre Entdeckungen verwandeln sie dann meist zu phantasievollen neuen Kreationen. So wurde aus den Zutaten der hinlänglich bekannten Hamburger Aalsuppe eine Aalsülze mit Pflaumen. Manches ließ sich jedoch auch so übernehmen – wie z. B. die Orangen-Meerrettich-Soße, die bereits 1814 im Preußischen Kochbuch als besonderer Genuß auftaucht.

Man ist stets aufs neue verblüfft von den Ideen und von der Vielfalt, mit der Kowalke und sein Küchenchef Wolf-Dieter Klunker es verstehen, das Thema Fisch zu variieren: Von der Altenwerder Fischersuppe (der »Bouillabaisse des Nordens«) bis zum Stubenküken gefüllt mit Forellenmus. Seit es solcherlei Spezialitäten im Fischereihafen-Restaurant gibt, hat sich das Gästebuch mit Lobeshymnen gefüllt. Da stehen Film- und Musikgrößen wie Rostropowitsch, Domingo, Leonard Bernstein und Michelangeli neben Show- und Sportstars wie Langer, Beckenbauer, Milva und Bianca Jagger. Aber das Fischereihafen-Restaurant ist beileibe kein Ausflugslokal, kein von einem geschickten Designer chic gestylter Maritim-Palast. Es ist ein Lokal für jedermann mit gewachsenem Ambiente, in dem man für wenig Geld mit einer gebratenen Scholle genauso satt werden kann wie mit einem teuren Menü. Es ist Treffpunkt für Geschäftsleute und Gourmets, Familienrestaurant und Schauplattform für prominente Gäste aus Politik, Sport und Kultur.

Hamburger Aalsülze mit Apfel-Meerrettich-Soße

Für 10 Personen:

3 abgezogene Filets von ca. 800 g frischem Aal und die Aalgräten
500 g Katenschinkenabschnitte und -schwarten
1/2 l Weißwein (trockener Rheingauer Riesling)
3/4 l Wasser
je 1 EL Salbei, Beifuß, Majoran, Thymian, Kerbel, Basilikum, zerdrückte Wacholderbeeren und Pfefferkörner
1 Lorbeerblatt
250 g Backobst
1 1/2 Stangen Lauch
1 1/2 Möhren
1 mittelgroße Zwiebel
0,1 l Kräuteressig
2 EL Zucker
6 Eiweiß
20 Blatt weiße Gelatine
ca. 300 g Fischfüllung (siehe Küchenlexikon)
8 entsteinte Backpflaumen
1 Apfel
1 Bund Dill
Salz

1. Aalfilets so beschneiden, daß sie etwas kürzer sind als die Pastetenform, Aalgräten, Schinkenabschnitte und -schwarten, Weißwein, Wasser, Gewürzzutaten, Backobst, 1 Stange Lauch, 1 Möhre, die Zwiebel, Kräuteressig, Zucker, etwas Salz und das aufgeschlagene Eiweiß in einen Topf geben und kurz aufkochen.

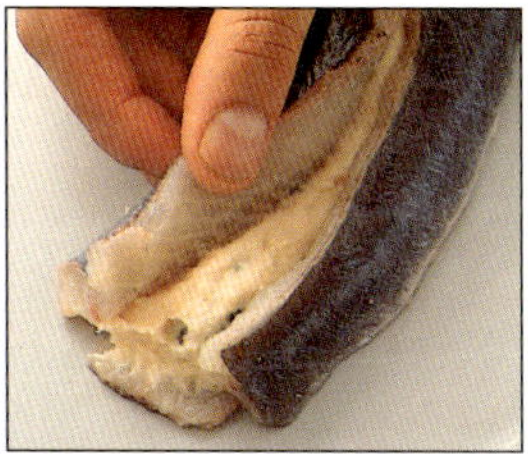

2. Dann etwa 2 Stunden bei geringer Hitze leicht sieden lassen. In der Zwischenzeit die Gelatine einweichen. Die halbe Möhre und die halbe Lauchstange in kleine Würfel schneiden. Die Möhrenwürfel 4 Minuten und die Lauchwürfel 1 Minute in kochendem Wasser ziehen lassen. In kaltem Wasser abkühlen.
3. Die Aalfilets mit der Hautseite nach unten nebeneinanderlegen. Eventuell – wie auf dem großen Foto zu sehen ist – mit 10–12 Spinatblättern belegen (die Blätter vorher in kochendes Wasser tauchen, kalt abschrekken und trockentupfen). Mit etwas Fischfüllung bestreichen. Die Backpflaumen auf das mittlere Filet legen und die Zwischenräume mit der Fischfüllung ausgleichen.
4. Das rechte und das linke Filet nach oben klappen, so daß die Backpflaumen völlig umschlossen sind.
5. Aluminiumfolie mit Butter bestreichen. Die Filets darin einrollen. Die Folienenden gut verschließen.
6. In siedendem Wasser 20 Minuten garen, herausnehmen, kühl stellen. Die gekochte Brühe durch ein mit einem Tuch ausgelegtes Sieb gießen. Einen Liter abmessen. Die ausgedrückte Gelatine darin auflösen. Den geschälten Apfel fein würfeln und die Dillspitzen zupfen.
7. Die Apfel- und die abgetropften Gemüsewürfel sowie die Dillspitzen in die abgekühlte Sülze geben, sobald diese zu gelieren beginnt. Eine etwa 2 cm hohe Schicht in die Pastetenform gießen, fest werden lassen.
8. Die ausgekühlten Aalfilets aus der Aluminiumfolie nehmen, mit Sülzflüssigkeit bestreichen und auf die erstarrte Sülze legen. Die übrige Sülzflüssigkeit auffüllen und mindestens 12 Stunden im Kühlschrank fest werden lassen.
9. Die Pastetenform kurz in heißes Wasser tauchen und auf einen Teller oder eine Platte stürzen. Die Sülze in Scheiben schneiden. Mit Apfel-Meerrettich-Soße (siehe Zusatzrezepte) anrichten und servieren.

Gebratene grüne Ostseeheringe

12 grüne Heringe (ohne Kopf und ausgenommen)
250 g Mehl
100 g Butterschmalz
4 Tomaten
1 große Zwiebel
100 g Butter
Salz, Pfeffer

1. Die Heringe unter fließendem kalten Wasser waschen und mit Küchenpapier abtrocknen. Von innen und außen mit Salz und Pfeffer würzen.
2. In Mehl wenden.
3. Butterschmalz in einer Pfanne erhitzen, die Heringe hineinlegen und auf jeder Seite ca. 2½ Minuten braten.
4. Die Heringe aus der Pfanne nehmen und das verbrauchte Butterschmalz abgießen.
5. Die Tomaten mit kochendem Wasser überbrühen, häuten, entkernen und in kleine Würfel schneiden. Die Zwiebel schälen und fein würfeln. Butter in die Pfanne geben und bei mittlerer Hitze schmelzen lassen. Die Tomaten- und Zwiebelwürfel darin anbraten.
6. Die Heringe dazugeben und im vorgeheizten Backofen bei 180 Grad in ca. 3 Minuten kroß werden lassen. Dazu in Butter und gehackter Petersilie geschwenkte Salzkartoffeln servieren.

Rote Grütze nach altem Hausrezept

100 g rote Johannisbeeren
150 g Himbeeren
150 g Sauerkirschen
150 g Erdbeeren
100 g Blaubeeren
½ l trockener Rotwein
½ l Wasser
100 g Zucker
1 Zimtstange
½ unbehandelte Orange
40 g Speisestärke

1. Die Johannisbeeren waschen und mit einer Gabel von den Stielen streifen. Die Himbeeren verlesen, nicht waschen! Die Sauerkirschen entstielen, waschen und entsteinen. Die Erdbeeren verlesen, in einer Schüssel mit kaltem Wasser säubern, die Blütenansätze entfernen. Die verlesenen Blaubeeren waschen. Von jeder Fruchtsorte jeweils die Hälfte als Einlage für die Rote Grütze beiseite stellen.

2. Die übrigen Früchte, Rotwein, Wasser, Zucker und die Zimtstange in einen Topf geben. Die Orange in dünne Scheiben schneiden, zufügen.

3. Alles aufkochen lassen. Zugedeckt bei geringer Hitze etwa 15 Minuten garen.

4. Durch ein feines Sieb gießen, die Reste gut durchstreichen.

5. Erneut aufkochen und leicht einkochen lassen. Speisestärke mit etwas Wasser oder Rotwein verrühren und die Fruchtflüssigkeit damit binden.

6. Die als Einlage beiseite gestellten Früchte in eine Glasschüssel geben und mit der Roten Grütze auffüllen. Mit Vanillesoße (siehe Küchenlexikon) oder flüssiger süßer Sahne servieren.

Apfel-Meerrettich-Soße

3 EL Crème fraîche
1 EL frisch geriebener Meerrettich
1 Apfel
2 EL süße Sahne
2 EL geschlagene Sahne
etwas Zitronensaft
Salz

1. Die Crème fraîche mit dem geriebenen Meerrettich verrühren.
2. Den Apfel schälen und fein reiben.
3. Den geriebenen Apfel zur Meerrettichmasse geben, die süße Sahne unterrühren und die geschlagene Sahne unterheben.
4. Die Apfel-Meerrettich-Soße mit einer Prise Salz sowie einigen Tropfen Zitronensaft abschmecken.

Schellfisch mit Senfsoße

2 kg Schellfisch (beim Einkauf schuppen, ausnehmen, Köpfe abschneiden und den Fisch in 4 Portionen teilen lassen)
1 Stange Lauch
¼ Sellerieknolle
1 Bund Petersilie
2 Lorbeerblätter
2 Gewürznelken
1 Zwiebel
3–4 Pfefferkörner
3 l Wasser
½ l Vollmilch
1 EL Crème fraîche
80 g mittelscharfer Senf
80 g kalte Butter
0,2 l süße Sahne
1 EL gehackte Petersilie
Salz, weißer Pfeffer

1. Die gewaschenen Fischköpfe in einen Topf geben.
2. Lauch und Sellerie putzen, kleinschneiden. Mit der Petersilie zu den Fischköpfen geben.
3. Die Lorbeerblätter mit den Gewürznelken auf der Zwiebel feststecken und die Zwiebel ebenfalls in den Topf geben.
4. Die Pfefferkörner zufügen, das Wasser aufgießen und alles aufkochen.
5. Danach bei geringer Hitze etwa 20 Minuten köcheln lassen.
6. Die Brühe durch ein Sieb gießen und mit der Milch mischen.
7. Mit Salz und frisch gemahlenem Pfeffer abschmecken und wieder erhitzen.
8. Die Schellfischstücke in die heiße, nicht kochende Milch-Fisch-Brühe legen, 20 Minuten gar ziehen lassen. Herausnehmen und warm stellen.
9. Von der Brühe ½ l entnehmen, durch ein feines Sieb gießen und etwas einkochen lassen.
10. Die Crème fraîche und den Senf unterrühren, alles aufkochen lassen und flöckchenweise die Butter unterschlagen.
11. Danach die Sahne unterrühren, so daß eine glatte Bindung entsteht.
12. Den Fisch mit Petersilie bestreut anrichten und die Soße dazu reichen. Als Beilage Salzkartoffeln und einen frischen Salat servieren.

Altenwerder Fischersuppe

1 l Fischbrühe (siehe Küchenlexikon)
50 g feingeschnittenes Suppengemüse
100 g gewürfeltes Steinbeißerfilet
4 Eiweiß
1 g Safranpulver
etwas Anisschnaps
Salz, weißer Pfeffer

Für die Einlage:

200 g Seeteufelfilet
200 g Seezungenfilet
200 g Steinbeißerfilet
80 g feine Gemüsestreifen (Lauch, Sellerieknolle, Möhren)
1 gewürfelte Schalotte
50 g Butter
1 Msp. zerdrückte Knoblauchzehe
30 g feingeschnittene Kräuter (Estragon, Dill, Schnittlauch, Kerbel)
Salz, weißer Pfeffer

1. Die kalte Fischbrühe zum Klären mit Suppengemüse, Steinbeißerfilet und Eiweiß mischen.
2. Unter ständigem Rühren aufkochen lassen.
3. Durch ein mit einem Tuch ausgelegtes Sieb schütten und die klare Brühe mit Safran, Anisschnaps, Salz sowie Pfeffer abschmecken.
4. Die Fischfilets in 1 cm große Würfel schneiden und zusammen mit den Gemüsestreifen sowie den Schalottenwürfeln in mäßig heißer Butter andünsten. Leicht mit Salz, Pfeffer und Knoblauch abschmecken.
5. Die geklärte Fischbrühe aufgießen und alles aufkochen lassen.
6. Die feingeschnittenen Kräuter dazugeben und die Suppe in einer vorgewärmten Terrine servieren.

SIEGFRIED ROCKENDORF

Als Ende der siebziger Jahre die französische Nouvelle Cuisine in Deutschland ihren Höhepunkt erreichte, kochte Siegfried Rockendorf – damals kaum 30 Jahre alt – in Berlin mit deutschen Gerichten gegen den Strom dieser kulinarischen Mode an. Er überraschte seine Gäste in einem idyllischen Fachwerkhaus am Rande des Tegeler Forstes mit bodenständigen Spezialitäten wie Spreewälder Schüsselhecht oder geräuchertem Zanderfilet auf Sauerampfer. Ihm hatte es die alte preußische Küche angetan, die durch den Einfluß der zugewanderten Hugenotten stets einen leicht französischen Anstrich hatte und in der, wie »Ullsteins Gourmet Journal« damals meinte, »das Kosmopolitische und das Karge der Berliner Kochkunst von einst eine delikate Verbindung eingehen«. Inzwischen ist Siegfried Rockendorf, 1950 in Bad Sachsa im Südharz geboren, der wichtigste Repräsentant der kulinarischen Szene Berlins.

Seine Karriere ist für die eines Spitzenkochs eher untypisch. Rockendorf hatte keinen großen Meister der Neuen Küche als Ziehvater. Nach der Kochlehre in einem eher unbedeutenden Ferienhotel diente er sich im Berliner Hilton vom Commis zum Chef-Saucier hoch. Mit ganzen 21 Jahren bewarb er sich beim Sheraton in Kairo als stellvertretender Küchenchef und wurde zu seiner eigenen Überraschung angenommen. Über Kuwait und Abu Dhabi fand er nach Berlin zurück, das für ihn auch kulinarisch zu einer neuen Heimat wurde. Dieser großstädtische »Schmelztiegel, in dem sich seit Jahrhunderten die Völker mischen«, hatte es ihm angetan. Drei Jahre arbeitete er im Hotel Schweizerhof in der Spitze der vielköpfigen Köchebrigade. Dann hatte er genug vom Management und wollte wieder zurück an den Herd, um sein Handwerk kreativ ausüben zu können. Ein ehemaliges Ausflugslokal, die »Alte Waldschänke« im Tegeler Forst, war die erste Station seiner Selbständigkeit. Im Jahr 1981 siedelte er in eine Jugendstilvilla um, wo er »Rockendorfs Restaurant« eröffnete. Hier, in der Nähe des Tegeler Schlosses, nicht weit von Lübars, dem letzten noch funktionierenden Dorf in Berlin, ist ein Meister am Werk. Auf seiner Karte stehen Delikatessen der Neuen Küche neben den regionalen Gerichten von einst. Auch wenn diese nur noch einen Teil seines Repertoires ausmachen, ist er der etwas deftigen Regionalküche, zu deren Wiederentdeckern er zählt, treu geblieben.

Berliner Kartoffelsuppe mit Majoran

175 g geräucherter Bauchspeck (ohne Knorpel, mit Schwarte)
300 g geschälte Kartoffeln
50 g Zwiebeln
½ Bund Majoran
¾ l helle Fleischbrühe (siehe Küchenlexikon)
100 g Möhren
100 g Sellerie
50 g Lauch
¼ l süße Sahne
Salz, Pfeffer

1. Schwarte vom Speck abschneiden und den Speck würfeln.
2. Gesäuberte Kartoffeln und die Zwiebeln würfeln.
3. Den Majoran zupfen. Die Stiele aufheben und mit Küchengarn zusammenbinden.
4. Die Speckschwarte im Topf ausbraten. Speckwürfel zugeben und mit anbraten.
5. Kartoffel- und Zwiebelwürfel in den Topf geben und alles gut miteinander verrühren.
6. Mit Fleischbrühe auffüllen und die zusammengebundenen Majoranstiele dazugeben.
7. Aufkochen und dann bei geringer Hitze zugedeckt ca. 25 Minuten langsam kochen lassen.
8. Inzwischen das geputzte Gemüse in Stücke schneiden.
9. Schwarte und Majoranbund aus der Brühe fischen und das Gemüse hineingeben.
10. Auf ausgeschalteter Kochplatte noch 10 Minuten ziehen lassen.
11. Die Kartoffeln und das fast rohe Gemüse in ein Sieb gießen. Die Brühe in einer Schüssel auffangen und wieder in den Topf zurückgeben.
12. Speck, Kartoffeln und Gemüse durch die mittlere Lochscheibe des Fleischwolfes drehen und diese Masse mit der Brühe mischen.
13. Sahne zugeben und unter Rühren alles aufkochen lassen.
14. Mit frisch gemahlenem weißen Pfeffer abschmecken. Nur sehr wenig Salz zugeben, da das Gericht durch den Räucherspeck schon recht gut gewürzt ist.
15. Die fertig zubereitete Suppe in Teller oder rustikale Suppentassen geben. Vor dem Servieren mit frischem Majoran bestreuen. Nach Belieben kann man geröstetes Weißbrot dazu reichen.

Königsberger Klopse

Je 300 g mageres Rinder- und Schweinehackfleisch
100 g gewürfelte Zwiebeln
1 EL Butter
0,2 l Vollmilch
2 etwa 2 cm dicke Scheiben Kastenweißbrot ohne Rinde
15 g gehackte Sardellen
2 Eier
Salz, Pfeffer

Für die Soße:

50 g Butter
60 g Mehl
1 l Wasser
10 g kleingeschnittene Sardellen
75 g Kapern
2 cl Weißweinessig
Salz, Pfeffer
etwas Glutamat

1. Hackfleisch in eine Schüssel geben. Zwiebelwürfel in zerlassener Butter in einer Pfanne glasig dünsten. Auskühlen lassen.
2. Milch in einem kleinen Topf auf kleinster Stufe erwärmen. Das Weißbrot darin einweichen. Ebenfalls abkühlen lassen.
3. Das Hackfleisch mit den gedünsteten Zwiebeln, den gehackten Sardellen, dem eingeweichten Weißbrot und den Eiern zu einem Teig verarbeiten. Mit Salz und frisch gemahlenem weißen Pfeffer abschmekken.
4. Aus der Masse Klopse formen; diese auf einen Teller legen und in den Kühlschrank stellen.
5. Butter in einen großen Topf geben. Bei mittlerer Hitze schmelzen lassen.
6. Mehl auf einmal dazugeben und unter Rühren etwas anschwitzen.
7. Wasser auffüllen, mit dem Schneebesen glattrühren und unter Rühren aufkochen lassen.
8. Sardellen, Kapern und Weinessig zugeben. Mit je einer Prise Salz, frisch gemahlenem Pfeffer und Glutamat abschmecken.
9. Die Fleischklopse in die leicht köchelnde Soße geben und bei geringer Hitze ca. 15 Minuten gar ziehen lassen.
10. Nochmals abschmecken. Dazu passen Salzkartoffeln und ein Rote-Bete-Salat.

Sächsischer Pudding mit heißer Schokoladensoße

Für 8 Personen:

$\frac{1}{4}$ l Vollmilch
150 g Zucker
1 Vanillestange
150 g Butter
125 g Mehl
4 Eigelb
80 g Sultaninen
4 Eiweiß
0,2 l süße Sahne
180 g Schokoladen-kuvertüre
evtl. 2 cl Rum
Salz

1. Milch mit Zucker, dem ausgeschabten Mark der Vanillestange und einer Prise Salz aufkochen.
2. Die weiche Butter mit dem Mehl in einer Schüssel zu einem Teig verarbeiten.
3. Die Mehlbutter nach und nach zu der kochenden Milch geben und so lange rühren, bis der Teigkloß nicht mehr am Topf klebt.
4. Die gesamte Masse sofort in eine Schüssel umfüllen und etwas abkühlen lassen.
5. Eigelb und die Sultaninen unterrühren.
6. Eiweiß sehr steif schlagen und sorgfältig unter die inzwischen abgekühlte Masse heben.
7. Acht Portionsförmchen (ca. $\frac{1}{4}$ l Inhalt) ausbuttern, leicht mit Zucker ausstreuen und zu $\frac{3}{4}$ mit der Puddingmasse füllen.
8. Die Förmchen in ein Wasserbad stellen, auf der Herdplatte zum Kochen bringen und auf den Boden des auf 180 Grad vorgeheizten Backofens stellen.
Auf 160 Grad herunterschalten.
9. Etwa 25–30 Minuten garen; dabei darauf achten, daß das Wasser immer leicht siedet. Der Pudding sollte keine Farbe annehmen. Beginnt er zu bräunen, muß man ihn mit Pergamentpapier abdecken, jedoch nur lose, damit die Feuchtigkeit entweichen kann. Werden Keramikformen verwendet, sollte die Temperatur etwas höher (auf ca. 180 Grad) gestellt und die Backzeit um 10–15 Minuten verlängert werden.
10. Den Pudding aus dem Ofen nehmen und etwas ruhen lassen.
11. Sahne auf- und etwas einkochen lassen.
12. Kuvertüre fein raspeln, zur Sahne geben und darin auflösen. Eventuell mit Rum abschmecken und über den gestürzten Pudding gießen.

Sülzkotelett mit Krautsalat

Für 6 Personen:

2 Kalbsfüße (in der Mitte zerhackt)
1 Bund Suppengrün
2 Lorbeerblätter
10 Pfefferkörner
4 cl Weinessig
1 kg Kasseler Kotelett im Stück
2 Eiweiß
evtl. 2–3 Blatt weiße Gelatine
2 hartgekochte Eier
2 kleine Gewürzgurken

Für den Krautsalat:

200 g rohes Sauerkraut
50 g geräucherter, durchwachsener Speck
Zucker

1. Kalbsfüße, geputztes Suppengrün, Lorbeer und Pfeffer in einen Topf geben. Mit Wasser bedecken und Weinessig zugeben.
2. Aufkochen lassen, dabei den aufsteigenden Schaum abschöpfen.
3. Das Kasseler Kotelett zugeben und bei geringer Hitze ca. 35 Minuten köcheln lassen.
4. Das Kasseler aus der Brühe heben und etwas ruhen lassen.
5. Die Brühe auf etwa einen Liter einkochen lassen.
6. Durch ein Sieb schütten und die Flüssigkeit mit Eiweiß verquirlen.
7. Unter ständigem Rühren langsam aufkochen lassen, so daß das Eiweiß gerinnt und die Brühe klar wird.
8. Durch ein mit einem Tuch ausgelegtes Sieb schütten oder durch Kaffeefilterpapier gießen.
9. Mit etwas Flüssigkeit eine Gelierprobe (siehe Küchenlexikon) machen. Dann eventuell die eingeweichte und ausgedrückte Gelatine zufügen.
10. Das Kasseler Kotelett in sechs Portionen teilen.
11. Sechs Sülzkotelettformen dünn mit Gelierbrühe ausgießen, im Kühlschrank erstarren lassen.
12. Ei- und Gurkenscheiben darauflegen, die Kasseler Koteletts auf die Scheiben legen.
13. Gelierbrühe aufgießen und alles 5–6 Stunden im Kühlschrank fest werden lassen.
14. Das Sauerkraut locker in eine Schüssel geben, mit Zucker abschmecken.
15. Den Speck würfeln und in einer Pfanne knusprig braten. Zum Sauerkraut geben.
16. Die Formen mit den Sülzkoteletts wenige Sekunden in heißes Wasser tauchen und stürzen. Krautsalat mit Bratkartoffeln oder Bauernbrot dazu servieren.

Warme Quarkkeulchen auf Himbeersoße

400 g gut ausgedrückter Speisequark
60 g eingeweichte Sultaninen
2 Eier
4 EL Mehl
4 EL Puderzucker
Saft von 1/2 Zitrone
etwas Mehl zum Wenden
6 EL geklärte Butter (siehe Küchenlexikon)
1 Prise Salz

Für die Soße:

200 g Himbeeren
100 g Zucker
2 cl Himbeergeist
etwas Puderzucker zum Bestreuen

1. Quark, abgetropfte Sultaninen, Eier, Mehl, Puderzucker, Zitronensaft und eine Prise Salz zu einem gleichmäßigen Teig verrühren.
2. Mit zwei Löffeln kleine Plätzchen in Keulenform herstellen und in Mehl wenden.
3. In heißer geklärter Butter von jeder Seite goldgelb backen.
4. Himbeeren und Zukker mischen. Aufkochen lassen und durch ein Sieb streichen. Mit Himbeergeist abschmecken.
5. Die Quarkkeulchen auf Küchenpapier legen, damit überschüssiges Fett aufgesaugt wird.
6. Die warme Himbeersoße auf vorgewärmte Teller verteilen und die Quarkkeulchen darauf anrichten. Mit Puderzucker bestreuen.

HERBERT SCHÖNBERNER

Das Restaurant »Goldener Pflug« von Ludwig und Lore Robertz, acht Kilometer von Kölns City im rechtsrheinischen Stadtteil Merheim gelegen, ist das, was viele deutsche Luxusrestaurants so gerne sein möchten: Ein Feinschmeckertempel der klassischen Art. Von außen wirkt das gelbgestrichene Eckhaus zwar eher wie ein solides bürgerliches Lokal. Der Eindruck täuscht jedoch gewaltig. Hier wird Abend für Abend ein großes kulinarisches Schauspiel geboten. Dies trifft vor allem auf den Service zu, den die Familie Robertz (Vater, Mutter und Tochter) zusammen mit einem Oberkellner in einer Art und Weise zelebriert, wie man es sonst selten erlebt: perfekt bis in die Fingerspitzen, aber durch den freundlichen rheinischen Zungenschlag des Seniors stets auch ein bißchen familiär.

Die Ausstattung des Restaurants ist bürgerlich-luxuriös. Für die bemerkenswerte Küche zeichnet Schwiegersohn Herbert Schönberner verantwortlich. Er kocht nach allen Regeln der Neuen Küche, ohne die der klassischen zu vergessen oder zu leugnen. Seine Menüs zählen wohl zu den teuersten im Lande. Aber die Leistung entspricht dem Preis; denn auch im Rahmen eines Menüs besteht ein Hummergericht stets aus einem halben Hummer und nicht nur aus den sonst üblichen beiden Medaillons. Vom zweifachen Appetithappen bis zu dem feinen Kleingebäck und den erlesensten Weinen wird hier Gastronomie auf höchster Ebene geboten.

Dabei benutzt Schönberner nicht nur Luxusprodukte wie Gänseleber und Trüffeln. Eine perfekt vorbereitete und im Stück gebratene Kalbsniere mit Senfsoße gehört ebenso zu seinem Repertoire wie eine gelierte Kraftbrühe von Ochsenmark, deren Rezept er nicht preisgeben mag. Für modische Torheiten, für Magerküche ist in einem solchen Haus zwangsläufig kein Raum, obwohl Schönberner beim Weltmeister der Diätköche, dem Franzosen Michel Guérard eine Zeitlang in die Lehre gegangen ist. Oberstes Gebot im »Goldenen Pflug« sind Gediegenheit und eine ganz unkommerzielle kulinarische Moral: Für mehr als 30 Gäste gleichzeitig wird hier nie gekocht.

Salat von Lachsforelle mit C

400 g Lachsforellenfilet
3 EL geklärte Butter (siehe Küchenlexikon)
2 kleine Chicorée
5 Tropfen Zitronensaft
1 große geschälte Kartoffel
ca. 1 kg Butterschmalz
1 Bund Petersilie
6 EL Crème fraîche
2 EL Saft von frischem Meerrettich (Meerrettich fein reiben und in einem Tuch auspressen
Zucker, Salz, Pfeffer

1. Das Lachsforellenfilet in vier gleich große Portionen schneiden. Mit Salz und frisch gemahlenem Pfeffer würzen.

2. Bei mittlerer Hitze in 2 EL geklärter Butter von jeder Seite 45 Sekunden anbraten. Auf einer vorgewärmten Platte warm stellen.

3. Geputzten Chicorée längs halbieren und den Strunk herausschneiden. Chicorée längs in Drittel teilen oder die Hälften quer in daumendicke Stücke schneiden. Mit je einer Prise Salz, Pfeffer, Zucker sowie einigen Tropfen Zitronensaft würzen.

4. Die Kartoffel in streichholzgroße Stäbchen schneiden, kalt abspülen und mit Küchenpapier trockentupfen.

5. Das Butterschmalz in einem Fritiertopf oder in einer Friteuse auf 160 Grad erhitzen.

icorée

6. Die Kartoffelstäbchen in den Fritierkorb geben und ca. 15 Sekunden lang in das heiße Fett eintauchen (sie dürfen dabei nicht bräunen). Abtropfen lassen. Den Korb mit den Stäbchen beiseite stellen.
7. Das Fett auf 180 Grad erhitzen. Die Kartoffelstäbchen erneut hineingeben und goldbraun backen.
8. Abgetropfte Kartoffelstäbchen leicht salzen und warm stellen.
9. Gesäuberte, gut abgetrocknete Petersilie in das heiße Fett geben und in 8–10 Sekunden knackig backen. Ebenfalls abgetropft warm stellen.
10. Den Chicorée in 1 EL geklärter Butter kurz bei mittlerer Hitze andünsten. Bei quer in Stücke geschnittenem Chicorée ½ Bund grob gehackte Petersilie unterheben.
11. Crème fraîche in einer kleinen Schüssel mit Meerrettichsaft, je einer Prise Salz und frisch gemahlenem Pfeffer zu einer Soße verrühren.
12. Zum Servieren das Lachsforellenfilet auf vorgewärmten Tellern anrichten, die Soße angießen und alles mit Kartoffelstäbchen, Chicorée sowie gebackener Petersilie garnieren.

Doppeltes Zwischenrippen

500 g Zwischenrippenstück mit Fett
2 Markknochen (das Mark vom Metzger herauslösen lassen)
2 EL geklärte Butter (siehe Küchenlexikon)
Gemüse der Saison, z. B.:
1 kleiner Blumenkohl
2 Kohlrabi
1 Bund Möhren
1 Stauden- oder Knollensellerie
250 g frischer Spinat
1/8 l Rindfleischbrühe (siehe Küchenlexikon)
3 EL Butter
Muskat, Zucker
Salz, Pfeffer

1. Das Mark einen Tag vor der Zubereitung in eine Schüssel mit kaltem Wasser geben und über Nacht kühl stellen.
2. Die geklärte Butter in einer Pfanne erhitzen.
3. Das Fleisch hineinlegen und bei starker Hitze von jeder Seite 1/2 Minute anbraten.
4. Anschließend 15–20 Minuten bei mittlerer Hitze zugedeckt gar ziehen lassen.
5. Gemüse putzen und waschen. Blumenkohl in Röschen zerteilen, Kohlrabi, Möhren und Sellerie in Scheiben oder Stäbchen schneiden.

ück mit Mark

6. Gemüse sortenweise in kochendem Salzwasser 2–3 Minuten knackig garen. Spinat in kochendes Salzwasser schütten und nur kurz aufwallen lassen. Alle Gemüse kalt abschrecken, abtropfen lassen und mit Küchenpapier trockentupfen.
7. Das Fleisch herausnehmen, auf einen vorgewärmten Teller legen und mit Aluminiumfolie abdecken. Etwa 5 Minuten ruhen lassen.
8. Rindfleischbrühe zu dem Bratensatz in die Pfanne gießen und die Flüssigkeit auf 2–3 EL einkochen lassen.
9. 2 EL Butter in einen Topf geben und das Gemüse bei mittlerer Hitze darin anschwenken. Mit Salz, Muskat, Zucker und Pfeffer würzen.
10. Das über Nacht gewässerte Mark mit einem erhitzten Messer in Scheiben schneiden.
11. 4 Sekunden lang in kochendes Wasser tauchen, abtropfen lassen.
12. Übrige Butter in die heiße Soße rühren.
Das Fleisch in Scheiben schneiden und auf vorgewärmten Tellern mit dem Gemüse anrichten. Markscheiben auf das Fleisch legen und mit der Soße überziehen. Dazu Bratkartoffeln servieren.

Pfirsich mit Sektschaum

4 Pfirsiche
5 Eigelb
0,2 l Sekt (=1 Piccolo)
90 g Zucker

1. Die Pfirsiche 5–6 Sekunden lang in heißes Wasser tauchen.
2. In kaltem Wasser abschrecken und die Haut abziehen.
3. Die Pfirsiche halbieren und die Hälften jeweils in vier Spalten schneiden.
4. Die Spalten von jeweils einem Pfirsich kranzförmig auf einem Teller anrichten.

)erbacken

5. Eigelb mit Sekt in einem heißen, nicht kochenden Wasserbad aufschlagen. Dabei den Zucker langsam einrieseln lassen.

6. Auf der höchsten Stufe des elektrischen Handrührgerätes noch ca. 5 Minuten lang weiterschlagen.

7. Den Sektschaum gleichmäßig über die Pfirsiche verteilen.

8. Unter einem vorgeheizten Grill ca. 2 Minuten überbacken. Der Sektschaum soll nur leicht goldbraun werden. Sofort servieren.

Wildente mit Zwiebelgemüse und Linsen

Für 2 Personen:

1 Wildente (ca. 1–1,2 kg, Entenbrust mit Knochen gleich beim Einkauf ablösen und den Rest der Ente zerhacken lassen)
2 EL Butterschmalz
2 geputzte Möhren
2 mittelgroße Tomaten
1 gewürfelte Zwiebel
2 kleine Knoblauchzehen
1 Zweig Majoran
1/4 l trockener Weißwein
1/4 l Geflügelbrühe (siehe Küchenlexikon)
20 g Gänseleber
8 cl Portwein
Salz, Pfeffer

Für die Linsen:

50 g kleine Linsen (über Nacht in kaltem Wasser eingeweicht)
100 g magerer, geräucherter Speck
50 g Schweineschmalz
1/8 l Fleischbrühe (siehe Küchenlexikon)
100 g gewürfelte Möhren
1/2 gewürfelte Zwiebel
100 g gewürfelte Sellerieknolle
1 Bund Schnittlauch
einige Tropfen Kräuteressig
Salz, Pfeffer

Für das Zwiebelgemüse:

250 g Frühlingszwiebeln
2 EL Butter
ca. 8 cl Gemüsebrühe (siehe Küchenlexikon)
Salz, Pfeffer

1. Die Entenbrust beiseite legen und die gehackten Knochen (einschließlich der Keulen) in 1 EL heißem Butterschmalz kräftig braun anbraten.
2. Die Möhren würfeln und die Tomaten in grobe Stücke schneiden.
3. Beides mit den Zwiebelwürfeln zu den Entenknochen geben und mitbraten.
4. Knoblauch und Majoran zufügen und alles mit Wein und Brühe ablöschen. Aufkochen lassen.
5. Etwa 1 1/2 Stunden bei geringer Hitze leicht köcheln lassen.
6. Gänseleber von jeder Seite kurz anbraten, dann durch ein Sieb streichen.

7. Die Linsen in einem Sieb abtropfen lassen.
8. Den Speck würfeln und in Schweineschmalz anbraten. Die Linsen dazugeben und die Brühe aufgießen.
9. Möhren-, Zwiebel- und Selleriewürfel dazugeben.
10. Etwa 15–20 Minuten garen, beiseite stellen.
11. Gänseleberpüree und Portwein zur Entenbrühe geben. Unterrühren, mit Salz und frisch gemahlenem Pfeffer würzen.
12. Die Entenbrust mit Salz und Pfeffer würzen und in 1 EL Butterschmalz von jeder Seite anbraten.
13. Im vorgeheizten Backofen bei 180 Grad je nach Größe ca. 7–10 Minuten weiterbraten.
14. In der Zwischenzeit die Frühlingszwiebeln putzen (dunkles Grün und Wurzelansatz entfernen). Kleine Zwiebeln unzerteilt lassen, größere vierteln und zerpflücken.
15. In heißer Butter andünsten und die Brühe auffüllen. Etwa 1–2 Minuten zugedeckt bei geringer Hitze dünsten. Mit Salz und Pfeffer würzen und beiseite stellen.
16. Die Entenbrust aus dem Ofen nehmen, auf einer vorgewärmten Platte warm stellen.
17. Den Bratensatz mit der vorbereiteten Soße ablöschen, aufkochen lassen und durch ein feines Sieb gießen. Abschmecken.
18. Die Linsen erwärmen und mit Schnittlauchröllchen, Essig, Salz und Pfeffer abschmecken.
19. Das Zwiebelgemüse ebenfalls erwärmen.
20. Die Entenbrust von Knochen, Haut und Sehnen befreien und in Stücke schneiden.
21. Die Soße auf vorgewärmte Teller geben, die Entenbrust darauflegen und mit den Linsen sowie dem Zwiebelgemüse anrichten.

GERHARD GARTNER

Das Restaurant »Gala« im Aachener Spielcasino ist eines von jenem Dutzend deutscher Spitzenrestaurants, in dem jeder Gourmet mindestens einmal gegessen haben muß. Das Restaurant selbst ist ein prachtvoll dekoriertes architektonisches Kabinettstückchen mit Leuchtobjekten aus glitzernden Glasketten, Dali-Kunst, Spiegeln und batistgedeckten Tischchen – schon optisch ein Ereignis. Die aparten jungen Damen im knöchellangen Stresemannrock, pinkfarbenen Kummerbund und Smokinghemd, die Sektkelche kühlen, Weine einschenken und lächelnd erklären, was sie servieren, lassen den Gast den Tagesstreß vergessen. Man fühlt sich von so viel Atmosphäre bezaubert.

Gerhard Gartner, der das »Gala« mit seiner Tochter Alexandra führt, bietet zu diesem festlichen Service eine Küche mit klarer Linie und Harmonie. Die Gerichte sind leicht angelegt und doch voll im Geschmack. Gartner ist einer der kreativsten und originellsten deutschen Köche. Bei all seinem Mut zu neuen Kreationen verliert er nie den Gast aus dem Auge. Ganz besonders hat er sich einer verfeinerten deutschen Regionalküche verschrieben. Er war einer der ersten Köche in Deutschland, die von einer imitierten französischen Nouvelle Cuisine zu einer originären Neuen Deutschen Küche umschwenkten – zu einer Spitzenküche, die Einfaches zu Exzellentem macht. Gerhard Gartner hält nichts von großartigen Kreationen, bei denen der Geschmack der einen Zutat den der anderen überdeckt. So haben für ihn Kartoffeln und Roggennudeln, weiße Bohnen und Ochsenschwanz als Delikatesse den gleichen Stellenwert wie Hummer und Kaviar.

Inzwischen beschränkt er sich nicht mehr nur auf das Verfeinern altdeutscher Rezepturen, die zum Teil Großmutters Aufzeichnungen entnommen sind. Er hat fast alle Importprodukte rigoros aus seinen Vorratsräumen verbannt. Sicher lassen sich Trüffeln und Mittelmeerfische nicht ersetzen, aber die Lämmer werden nicht mehr eingeführt, sondern grasen auf heimischen Wiesen. Anstelle von Importen verarbeiten die Köche Gartners Freilandenten aus dem niederrheinischen Grevenbroich; das Gemüse stammt aus biodynamischem Anbau. Dies ist der Ausdruck eines neuerwachten kulinarischen Selbstbewußtseins. Die Bemühungen der Gastronomie finden mittlerweile ihre Fortsetzung bei den landwirtschaftlichen Erzeugern – selbst bei gleicher Qualität ist ein Produkt aus der Nachbarschaft allemal frischer als ein eingeflogenes.

Gelbe Löffelerbsensuppe mit Eisbein

1 kleines gepökeltes Eisbein (ca. 500 g)
300 g Löffelerbsen (geschälte, halbierte, gelbe Trockenerbsen)
½ Lorbeerblatt
½ Zwiebel mit Schale
2 Gewürznelken
1 kleine Lauchstange
4 kleine Möhren
1 Stück geräucherte Speckschwarte
¼ l kräftige Rinderbrühe (siehe Küchenlexikon)
7 cl süße Sahne
5 Eigelb
1 Bund Schnittlauch
Muskat
Salz, Pfeffer

1. Eisbein in einen großen Topf legen, mit kaltem Wasser bedecken.
2. Zum Kochen bringen und dabei den aufsteigenden Schaum abschöpfen. Bei geringer Hitze und leicht geöffnetem Deckel ca. 60–90 Minuten gar ziehen lassen.
3. Die Löffelerbsen etwa 1 Stunde in lauwarmem Wasser einweichen.
4. Das Lorbeerblatt auf der halben Zwiebel mit den Gewürznelken feststecken.
5. Lauchstange putzen, Möhren schälen und alles mit Küchengarn zusammenbinden.
6. Eisbein aus der Brühe nehmen und beiseite stellen. ¼ l Eisbeinbrühe abmessen und mit ¼ l Wasser vermischen.
7. Erbsen abgießen, mit frischem Wasser bedekken und aufkochen. Das Kochwasser abgießen und die Erbsen in den Topf zurückgeben.
8. Die verdünnte Eisbeinbrühe zu den Erbsen gießen; sie sollten etwa drei Fingerbreit damit bedeckt sein.
9. Die gespickte Zwiebel, das Gemüsebund und die Speckschwarte dazugeben, zum Kochen bringen und bei geringer Hitze ca. 20 Minuten lang köcheln lassen.
10. Gemüsebund, Zwiebel sowie die Schwarte herausnehmen und mit etwas Erbsenbrühe warm stellen.
11. Rinderbrühe zu den Erbsen gießen und die Suppe mit Salz, Pfeffer und Muskat würzen.
12. Kurz aufkochen lassen. Sahne und Eigelb miteinander verquirlen und die heiße, nicht kochende Suppe am Herdrand damit sämig binden. Abschmecken.
13. Eisbein vom Knochen lösen, Schwarte entfernen und das Fleisch in Scheiben schneiden.
14. Gemüse kleinschneiden und mit dem Fleisch in der Suppe servieren. Mit Schnittlauchröllchen bestreuen.

Kalbsnieren in Düsseldorfer Senfsoße

2–3 Kalbsnieren (ca. 750 g)
3 Schalotten
2 EL Zucker
3 EL Weinessig
0,2 l brauner Kalbsfond (siehe Küchenlexikon)
60 g Butter
4 cl Weinbrand
2 EL Düsseldorfer Senf
0,1 l halbtrockener Weißwein (Riesling)
0,2 l Crème double
Salz, Pfeffer

1. Die Kalbsnieren in ihre natürlichen Segmente zerteilen; dabei die Sehnen und das Fett herausschneiden.
2. Geschälte Schalotten fein hacken.
3. Zucker in einem Topf bei mittlerer Hitze unter Rühren schmelzen und karamelisieren lassen.
4. Mit dem Weinessig ablöschen und mit der Hälfte des Kalbsfonds loskochen. Die Flüssigkeit zu einem Sirup einkochen lassen.
5. 30 g Butter erhitzen, die Nieren hineingeben und bei mittlerer Hitze unter Wenden in 2–3 Minuten rosa braten.
6. Ein langes Holzspießchen anzünden. Den Weinbrand über die Nierchen gießen und flambieren. Alles kräftig hin- und herschütteln, aus der Pfanne nehmen, mit Salz und Pfeffer würzen und warm stellen.
7. Restliche Butter in der Pfanne erhitzen und die Schalotten darin glasig dünsten. Den Senf dazugeben und mit Weißwein ablöschen.
8. Übrigen Kalbsfond aufgießen und die Soße etwas einkochen lassen. Zum Schluß die Crème double unterrühren und die Soße abschmecken.
9. Nierchen auf der Soße anrichten und mit dem Kalbssirup überziehen. Dazu Kartoffelfritter und in Butter geschwenktes, knackig gegartes, grünes Gemüse (z.B. Böhnchen und Brokkoli) servieren.

KARTOFFELFRITTER

4 große, vorwiegend festkochende Kartoffeln
2 Eier
Schweineschmalz zum Braten
Salz, Pfeffer

1. Geschälte Kartoffeln in Streifen hobeln.
2. Eier mit Salz und Pfeffer verquirlen und die Kartoffelstreifen daruntermischen.
3. Schweineschmalz in einer Pfanne erhitzen.
4. Aus dem Kartoffelteig mit einem Eßlöffel kleine Küchlein formen und von jeder Seite in dem heißen Schmalz sehr kroß backen.

Aachener Printenauflauf mit Apfel-Zimt-Schaum

Für 10 Personen:

100 g Butter
6 Eigelb
50 g Puderzucker
50 g Bitterschokolade
6 Eiweiß
50 g Zucker
100 g sehr fein gemahlene Mandeln
5 g Printengewürz oder Elisenlebkuchengewürz
50 g zerlassene Butter
1/2 l Apfelsaft
8 Eigelb
Zimtpulver nach Belieben

1. Butter in einer Schüssel schaumig rühren.
2. Eigelb und Puderzucker ebenfalls schaumig rühren und dann zu der Butter geben. Miteinander mischen.
3. Kleingehackte Bitterschokolade in einem Gefäß im Wasserbad schmelzen lassen.
Die nicht zu heiße Schokolade unter die Eier-Butter-Masse rühren.
5. Eiweiß sehr steif schlagen, dabei den Zucker einrieseln lassen. Vorsichtig unter die übrige Masse heben.
6. Gemahlene Mandeln und das Printengewürz unterheben.
7. Zehn kleine Portionsförmchen mit zerlassener Butter auspinseln und die Auflaufmasse randvoll hineinfüllen.
8. Im vorgeheizten Backofen in einem Wasserbad bei 220 Grad etwa 15 Minuten backen.
9. In der Zwischenzeit den Apfelsaft mit Eigelb und Zimtpulver in einem Wasserbad zu einer dicklich-schaumigen Masse aufschlagen.
10. Die Printenaufläufe auf Teller stürzen, den Apfel-Zimt-Schaum angießen. Eventuell mit halbsteif geschlagener Sahne anrichten und mit Zimtpulver bestäuben.

Gebackenes Lindenhonigeis mit Moseleisweinsplittern

4 Eigelb
75 g Puderzucker
0,2 l Vollmilch
0,2 l Crème double
50 g Lindenblütenhonig
2 cl Weinbrand
ca. 150 g Biskuitbrösel

Für die Eisweinsplitter:

1/4 l Eiswein von der Mosel
1/4 l Weißwein (Spätlese)

Für den Weinteig:

70 g Mehl
30 g Puderzucker
5 cl Weißwein
2 Eier
ca. 500 g Butterschmalz zum Ausbacken
Salz

1. Eigelb und Puderzukker schaumig rühren.
2. Milch und Crème double kurz aufkochen. Nach und nach unter die Eiermasse rühren.
3. Im heißen, nicht kochenden Wasserbad aufschlagen, bis sich eine Rose abziehen läßt (siehe Küchenlexikon).
4. Mit Honig und Weinbrand abschmecken. In einer Eismaschine ca. 30 Minuten gefrieren lassen.
5. Den Wein ca. 1/2 cm hoch in ein flaches Blech gießen und im Gefrierfach gefrieren lassen.
6. Von dem Eis mit einem Eiskugelportionierer Kugeln formen und in den Biskuitbröseln rollen.
7. Auf eine Platte legen und für 2 Stunden in das Gefriergerät stellen.
8. Von dem gefrorenen Eiswein mit einem Eßlöffel Splitter abschaben, auf vier geeiste Suppenteller verteilen und die Teller wieder ins Gefriergerät stellen.
9. Das Mehl mit dem Puderzucker, einer Prise Salz und dem Wein zu einem glatten Teig rühren.
10. Eigelb unterrühren.
11. Das Eiweiß sehr steif schlagen und vorsichtig unter den Teig heben.
12. Das Butterschmalz in einem Fritiertopf oder in einer Friteuse auf 160 Grad erhitzen.
13. Je ein Holzspießchen in die Eiskugeln stechen und diese durch den Weinteig ziehen. Dann im heißen Butterschmalz goldbraun ausbacken.
14. Sofort auf die Eisweinsplitter setzen und schnell servieren.

Münchner Grießnockerln in Bavaria-Blu-Sahne

30 g Butter
1 Ei
80 g Grieß
Muskat
1 l kräftige Fleischbrühe (siehe Küchenlexikon)
Salz

Für die Soße:

0,4 l Crème double
0,1 l trockener Weißwein
120 g Bavaria-blu-Käse ohne Rinde
1 Tomate
1 Bund Schnittlauch
Salz, Pfeffer

1. Butter und eine Prise Salz schaumig schlagen, bis die Butter fast weiß geworden ist.
2. Ei, Grieß und frisch geriebenen Muskat zugeben und unterrühren.
3. Die Fleischbrühe aufkochen lassen.
4. Mit einem Teelöffel kleine Klößchen von der Grießmasse abstechen, in die Brühe geben und ca. 20 Minuten kochen. Danach nochmals 5 Minuten zugedeckt ziehen lassen.
5. Crème double, Wein und den zerbröckelten Käse unter Rühren aufkochen.
6. Leicht dicklich einkochen lassen und mit einem Pürierstab oder in einem Mixer verquirlen.
7. Die Tomate mit kochendem Wasser überbrühen, häuten, halbieren und entkernen.
8. Die Tomatenhälften in kleine Würfel, den Schnittlauch in Röllchen schneiden.
9. Beides in die Soße geben, mit Salz und frisch gemahlenem Pfeffer würzen.
10. Die abgetropften Grießnockerln auf vorgewärmten Tellern anrichten und die Soße löffelweise darübergeben.

DORIS KATHARINA HESSLER

Doris Katharina Hessler aus Maintal bei Frankfurt gilt heute als die Spitzenköchin unter den weiblichen Küchenchefs. Das gastliche Haus am Mainufer, das ihren Namen trägt, auf halbem Weg zwischen Frankfurt und Hanau, hat eine abwechslungsreiche Geschichte hinter sich, ist sozusagen mit den Ambitionen der Besitzer gewachsen.

Als Doris Hessler ihren Mann Ludwig, der sich um Service und Weinkeller kümmert, kennenlernte, hatte er gerade das ehemalige Ausflugslokal in eine Diskothek verwandelt. Sie war eine kleine Verwaltungsangestellte, die sich in den charmanten Disco-Chef verliebte und ihn heiratete. Im Laufe der Jahre wurde, den Trends der Zeit folgend, erst ein Steakhouse aus ihrem Lokal, dann ein bürgerliches Restaurant und schließlich, nach gründlichen Umbauten, eines der elegantesten Gourmet-Domizile im Rhein-Main-Raum, zu dem auch ein kleines Bistro gehört.

Das junge Ehepaar Hessler schlug sich lange mit wechselnden Küchenchefs durch, ehe in der Hobbyköchin Doris Hessler die Gewißheit gewachsen war, daß sie das alles eigentlich besser kann als viele Profis. Sie hat das Kochen nie als Beruf erlernt. Frau Hessler ist Autodidaktin, aber keine Amateurin. Diese mädchenhafte Person, die ein New Yorker Journalist mal als »kulinarisches Fräuleinwunder« apostrophierte, ist mit Liebe und Begeisterungsfähigkeit, mit Zähigkeit und einer gewaltigen Portion Ehrgeiz am Werk. Sie hat vielen berühmten Kollegen in die Töpfe sehen dürfen – Josef Viehhauser in Hamburg ebenso wie Peter Wehlauer oder Heinz Winkler. Sie hat einen ausgeprägten Stil entwickelt und ein völlig eigenständiges Repertoire, in dem überlieferte Rezepte eine ebenso wichtige Rolle spielen wie die zeitgemäße Vollwertküche. Sie backt Brot grundsätzlich selbst und scheut sich nicht, nach einem exquisiten Menü mit Lachs und Hummer rustikale Desserts zu servieren wie z. B. Blaubeerpfannkuchen oder Hirsepudding. Gerade solche Kontraste machen ein Essen in ihrem Restaurant zu einem unvergeßlichen Erlebnis.

Vollwertsalat mit frischen Sprossen und Nüssen

100 g frische Sprossen (Senf, Linsen- und Weizenkörner mischen und 4–5 Tage vor der Zubereitung des Salates auf mit Wasser getränkte Watte streuen. Immer feucht halten.)
1 kleine Schalotte
2 kleine gelbe oder je 1 gelbe und 1 grüne Paprikaschote
1 kleine Stange Staundensellerie
1 Bund Schnittlauch
12 EL Haselnußöl
6 EL Apfel-Honig-Essig
1 Chicorée
100 g Eichblattsalat
100 g Friséesalat
60 g Walnußkerne
60 g Haselnußkerne
4 Stiele Brunnenkresse
2 EL Weizenkörner
Salz (Meersalz)
weißer Pfeffer

1. Die geschälte Schalotte sehr fein würfeln.
2. Die Paprikaschoten halbieren, entkernen und die verbliebenen Kerne mit kaltem Wasser herausspülen. Die Paprikaschoten in feine Streifen schneiden.
3. Die Enden der Selleriestange abschneiden, die Fäden entlang der Stange abziehen und die Stange in dünne Scheiben schneiden.
4. Schnittlauch in feine Röllchen schneiden.
5. Haselnußöl und Apfel-Honig-Essig miteinander verrühren; dann das zerkleinerte Gemüse, etwas frisch gemahlenes Salz und Pfeffer dazugeben.
6. Chicoréeblätter einzeln ablösen, etwas vom unteren, weißen Ende wegen der Bitterstoffe abschneiden. Äußere Blätter und den Strunk wegwerfen.
7. Verlesene Chicorée-, Eichblatt- und Friséesalatblätter in kaltem Wasser waschen und auf einem Tuch abtropfen lassen; trockentupfen.
8. Frische Sprossen ebenfalls kurz waschen und trockentupfen.
9. Walnuß- und Haselnußkerne grob hacken.

10. Die Brunnenkresse in einzelne Blättchen zupfen, kurz waschen und trockentupfen.
11. Die Weizenkörner in einem Zerkleinerer oder in einem Mixer zerkleinern oder mahlen. Vier Teller gleichmäßig damit bestreuen.
12. Die Salate einzeln in der gut durchgerührten Salatsoße anmachen und gut abtropfen lassen.
13. Die Blätter des Chicorée- und des Eichblattsalates dekorativ auf den Tellern anrichten.
14. Darauf den Frisée und die ebenfalls mit der Salatsoße angemachten, abgetropften Sprossen verteilen.
15. Die Nüsse darüberstreuen und alles mit den Brunnenkresseblättchen garnieren.
16. Das Gemüse aus der Salatsoße nehmen, gut abtropfen lassen und über den Salat geben.

Stubenküken auf Grünkernrisotto mit Rotweinsoße

4 Stubenküken und
250 g Geflügelklein
2 mittelgroße Möhren
1/2 kleine Sellerieknolle
2 kleine Stangen Lauch
1 Bund Frühlingszwiebeln
4 EL Olivenöl
1 kleine Dose Tomatenmark
1/2 l trockener Rotwein (Württembergischer Samtrot oder badischer Spätburgunder)
1/2 l Geflügelbrühe (siehe Küchenlexikon)
4 schwarze Pfefferkörner
1 kleines Lorbeerblatt
6 Stengel Petersilie
1 Spritzer Portwein
1 Spritzer Weinbrand
Rotweinessig
Salz, Pfeffer

1. Das Geflügelklein mit einem großen Messer zerhacken.
2. Möhren und Sellerie schälen und waschen.
3. Lauch und Frühlingszwiebeln putzen. Sämtliches Gemüse kleinschneiden.
4. Zerhacktes Geflügelklein in 2 EL heißem Olivenöl braun anbraten.
5. Kleingeschnittenes Gemüse mitrösten.
6. Das Tomatenmark dazugeben.
7. Mit Rotwein und Geflügelbrühe ablöschen.
8. Pfefferkörner, Lorbeer, und Petersilienstengel zufügen. Mit etwas Salz würzen.
9. Etwa 1 Stunde im offenen Topf köcheln lassen.
10. Durch ein mit einem Tuch ausgelegtes Sieb in einen Topf gießen.
11. Zu einer dicklichen Soße einkochen lassen.
12. Die Stubenküken mit wenig Salz und Pfeffer würzen und in 2 EL heißem Olivenöl von jeder Seite kurz anbraten.
13. Mit der Pfanne in den vorgeheizten Backofen schieben. Bei 180 Grad ca. 15 Minuten weiterbraten. Herausnehmen.
14. Auf einen vorgewärmten Teller an einem warmen Ort 5–8 Minuten ruhen lassen.
15. Die Soße mit Portwein, Weinbrand und Rotweinessig abschmecken.
16. Die Stubenküken auf dem Grünkernrisotto anrichten und die Soße angießen.

GRÜNKERNRISOTTO

200 g Grünkern (ganz)
1 kleine Möhre
1 Schalotte
6–8 Austernpilze
2 EL Olivenöl
1/4 l Rinderbrühe
(siehe Küchenlexikon)
Muskat
Salz, Pfeffer

1. Grünkern über Nacht in einer Schüssel mit kaltem Wasser einweichen.
2. Geputzte Möhre und Schalotte fein würfeln.
3. Gesäuberte Austernpilze kleinschneiden.
4. Grünkern in leicht gesalzenem Wasser ca. 20–25 Minuten kochen. In ein Sieb schütten und abtropfen lassen.
5. Kleingeschnittene Möhre, Schalotte und Austernpilze in heißem Olivenöl andünsten.
6. Abgetropften Grünkern zugeben und alles mit der Brühe ablöschen.
7. Etwas einkochen lassen. Mit Muskat, Salz und Pfeffer abschmecken.

Hirsepudding mit eingelegten Sauerkirschen

110 g Hirse
½ Vanillestange
⅛ l süße Sahne
70 g Butter
2½ Eiweiß
4 Eigelb
25 g Zucker
etwas Butter und Zucker für die Förmchen

1. Hirse in einer Getreidemühle mahlen oder mit einem elektrischen Zerkleinerer fein zerkleinern.
2. Die Vanillestange halbieren und das Mark herausschaben. Beides mit der Sahne kurz aufkochen lassen.
3. Die Butter schmelzen lassen, die Hirse dazugeben und mit der Sahne ablöschen. Die Vanillestange herausnehmen.
4. Ein halbes ungeschlagenes Eiweiß unter die Masse rühren. Die Masse abkühlen lassen.
5. Nach und nach das Eigelb unterrühren.
6. Das übrige Eiweiß steif schlagen und dabei den Zucker einrieseln lassen.
7. Den Eischnee vorsichtig unter die kalte Hirsemasse heben.
8. Vier feuerfeste Förmchen ausbuttern und mit Zucker ausstreuen.
9. Zu dreiviertel mit der Puddingmasse füllen.
10. In einen Topf mit hitzebeständigen Griffen stellen und so viel heißes Wasser einfüllen, daß die Formen etwa zur Hälfte im Wasser stehen.
11. Bei 200 Grad im vorgeheizten Backofen etwa 20 Minuten garen.
12. Herausnehmen, Pudding am Rand vorsichtig mit einem Messer lösen und auf einen Teller stürzen. Mit eingelegten Sauerkirschen und Vanillesoße anrichten.

VANILLESOSSE

1 Vanillestange
½ l süße Sahne
60 g Zucker
6 Eier
1 Schuß Kirschwasser

1. Die Vanillestange längs halbieren und das Mark herausschaben.
2. Vanillestange und -mark zur Sahne geben und aufkochen lassen.
3. Den Zucker und die Eier schaumig rühren.

4. Die Vanillestange aus der Sahne fischen.
5. Nach und nach die heiße Sahne unter die Masse aus Zucker und Ei rühren.
6. Bei geringer Hitze mit einem Schneebesen so lange rühren, bis die Soße bindet.
7. Die Soße durch ein feines Sieb gießen und mit Kirschwasser abschmekken. Kühl stellen.

EINGELEGTE SAUERKIRSCHEN

1 Glas Sauerkirschen
(ca. 850 g)
1–2 EL Zucker
1/8 l Portwein
etwas Kirschlikör

1. Die Sauerkirschen auf einem Sieb abtropfen lassen. Den Saft dabei auffangen.
2. Sauerkirschsaft mit Zucker und Portwein in einen Topf geben und aufkochen.
3. Bei geringer Hitze etwas einkochen lassen, bis eine leichte Bindung entstanden ist.
4. Sauerkirschen in die Soße schütten, mit etwas Kirschlikör abschmecken und auskühlen lassen.

Schweinenacken mit Kräuterkruste

2,5 kg Schweinenacken (Knochen beim Einkauf auslösen und mitgeben lassen)
2 EL Olivenöl
3 Stangen Lauch
6 mittelgroße Möhren
1 kleine Sellerieknolle
1 Bund Frühlingszwiebeln
3 Petersilienwurzeln mit Grün
2 EL Tomatenmark
4 geachtelte Tomaten
½ l trockener Rotwein
4 schwarze Pfefferkörner
2 Lorbeerblätter
2 Zweige Thymian
1½ l Kalbs- oder Geflügelfond (siehe Küchenlexikon)
evtl. etwas kalte Butter
Salz (grobes Meersalz)
Pfeffer

Für die Kräuterkruste

2 Bund glatte Petersilie
1 Bund Thymian
1 Zweig Rosmarin
2 Knoblauchzehen
2 Schalotten
250 g Butter
ca. 50 g Semmelbrösel
2 EL mittelscharfer Senf
Salz, Pfeffer

1. Den Schweinenacken mit Salz und frisch gemahlenem Pfeffer würzen.
2. In einem Bräter in heißem Olivenöl rundherum scharf anbraten. Herausnehmen, beiseite stellen.
3. Lauch, Möhren, Sellerie, Frühlingszwiebeln und Petersilienwurzeln putzen und kleinschneiden. Das Petersilienwurzelgrün ebenfalls kleinschneiden.
4. Die Knochen und das Gemüse im Bratensatz des Schweinenackens braun anrösten.
5. Das Tomatenmark und die Tomaten dazugeben und mitrösten.
6. Mit dem Rotwein ablöschen. Etwas Salz, die Pfefferkörner, die Lorbeerblätter und den Thymian hineingeben.
7. Den Kalbs- oder Geflügelfond aufgießen und aufkochen lassen.
8. Den Schweinenacken hineinlegen. Im vorgeheizten Backofen bei 200 Grad ca. 45 Minuten garen. Dabei immer wieder mit der Flüssigkeit übergießen.
9. In der Zwischenzeit die Kräuter für die Kruste zupfen und hacken.
10. Knoblauchzehen und Schalotten würfeln.
11. Die Butter schmelzen lassen, die Kräuter sowie die Knoblauch- und Schalottenwürfel untermischen.
12. Die Semmelbrösel unterrühren, so daß eine Bindung entsteht. Mit etwas Pfeffer und Salz abschmecken.
13. Den Braten aus dem Bräter nehmen, dünn mit Senf bestreichen.
14. Dann die Kräuterpaste daraufstreichen und den Braten unter dem vorgeheizten Grill oder bei stärkster Hitze im Backofen überkrusten.
15. Die Bratflüssigkeit aus dem Bräter durch ein feines Sieb gießen und mit Salz und Pfeffer abschmecken.
16. Eventuell mit kleinen Butterflöckchen binden.
17. Den Braten aufschneiden – er sollte von innen rosa sein – und mit der Soße anrichten.
Dazu Bohnen und überbackene Sahne-Kartoffeln servieren.

Kalte Buttermilchsuppe

600 g Buttermilch
100 g süße Sahne
etwas Zitronensaft
1/4 Salatgurke
1/2 Bund Dill
100 g Nordseekrabben
Salz, Pfeffer

1. Die Buttermilch und die Sahne in eine Schüssel gießen.
2. Diese Schüssel in eine größere, mit Eiswürfeln gefüllte Schale hineinstellen.
3. Buttermilch und Sahne mit einem elektrischen Handrührgerät schaumig schlagen.
4. Mit Zitronensaft, Salz und frisch gemahlenem weißen Pfeffer abschmecken.
5. Die Salatgurke schälen, entkernen und in sehr feine Streifen schneiden.
6. Die Dillspitzen hacken und mit den Gurkenstreifen auf vier Suppenteller verteilen.
7. Die aufgeschlagene Buttermilchsuppe zugießen und mit Nordseekrabben sowie zarten Dillzweigen anrichten.

HANS-PETER WODARZ
HERBERT LANGENDORF

H. Langendorf (links), H.-P. Wodarz (rechts)

Hans-Peter Wodarz ist mehr als nur ein berühmter Koch. Er ist ein Multitalent, eine Art kulinarischer Impresario, der seinen Gästen nicht nur ein möglichst gutes Essen mit erstklassigen Weinen bieten will, sondern Kurzweil für alle Sinne, Erlebnis-Gastronomie also. Er ist kulinarisch stets auf der Suche nach dem »Noch-nie-Dagewesenen«, und er versteht es, seine Erfindungen entsprechend zu inszenieren. Was ihn auszeichnet, ist Phantasie, Unternehmungsgeist und Mut. Er ist zu intelligent, zu dynamisch und zu ehrgeizig, um nur einfach das nachzukochen, was andere schon vor ihm in den Töpfen hatten. Bei ihm geht Probieren über Studieren. Den Alltag am Herd überläßt er dann gern seinem Küchenchef Herbert Langendorf, der seit vielen Jahren schon die Inspirationen seines Patrons realisiert. Stillstand, Ruhe, das ist wohl das Schlimmste für solch einen Hans-Dampf, der das Wort »unmöglich« aus seinem Vokabular gestrichen hat. In der »Ente vom Lehel« ist der Gast – positiv verstanden – nie vor Überraschungen sicher. Es gibt höchst umstrittene und in Fachkreisen heißdiskutierte Einfälle wie die Kombination von Kalb und Lachs in Blätterteig oder Lamm mit Hummer. Manche dieser Kreationen verschwinden schnell wieder vom Speiseplan. Andere, wie sein »Dialog der Früchte«, den Wodarz gern anstelle eines Sorbets als erfrischenden Zwischengang reicht, werden mittlerweile von Kollegen landauf, landab gern kopiert. Wodarz und Langendorf haben auch stets regionale Rezepturen verfeinert. Ihr Angebot reicht vom eher simplen bayerischen Gänsebraten bis zu einem so raffinierten Gericht wie Kalbskopf und Karpfen in Riesling, einem großen kulinarischen Wurf.

Hans-Peter Wodarz begann seine Karriere 1962 als Page im Hotel Rose in Wiesbaden. 1966 verließ er das Haus als gelernter Koch, ging zwei Jahre nach England, lernte alles über Wein und Lebensmittelprodukte im Berliner Kaufhaus des Westens und kochte im »Tantris« bei Eckart Witzigmann. Ab 1975 stand er in München auf eigenen gastronomischen Füßen. Innerhalb kurzer Zeit machte er hier aus einer angemieteten Kneipe im »Lehel« einen Feinschmeckertreff, die »Ente vom Lehel«. 1979 meldete er sich in seiner Heimatstadt Wiesbaden zurück. Im »Nassauer Hof« etablierte er seine neue »Ente«. Unter der bemalten Kuppel dieses Luxusrestaurants (es ist eines der wenigen, die in Deutschland diesen Namen wirklich verdienen) versammelt er seither Abend für Abend die Schönen und die Reichen, die Berufsgourmets der Sekt- und Spirituosenbranche und die politische Prominenz um sich; denn die »Ente« samt Bistro, Gourmet-Shop und »Entenkeller« ist ja in Wirklichkeit mehr als nur ein Restaurant. Sie ist ein Kommunikationszentrum der gehobenen Lebensart, Drehscheibe der Eitelkeit und Tempel Lukullus' zugleich.

Wiesbadener Knödel mit Grüner Soße und Flußkrebsen

- *100 g Kalbsbries*
- *5 altbackene Brötchen*
- *1/4 l heiße Vollmilch*
- *2 Eier*
- *200 g gekochter Kalbskopf (siehe Küchenlexikon)*
- *16 Flußkrebse aus deutschen Gewässern*
- *1/2 TL Kümmel*
- *Muskat*
- *Salz, Pfeffer*

1. Bries von harten Stellen befreien und häuten. Mindestens 6 Stunden wässern, damit es weiß wird.
2. Die Brötchen in Stücke schneiden und mit der heißen Milch übergießen.

3. Eier dazugeben, alles miteinander vermischen und mit Muskat, Salz und Pfeffer würzen. Etwas durchziehen lassen.
4. Den gekochten Kalbskopf würfeln.
5. Kalbsbries kalt abspülen, mit kaltem Wasser aufsetzen und zum Kochen bringen. Den Topf vom Herd nehmen; das Bries 2 Minuten gar ziehen lassen.
6. Kalt abschrecken, in kleine Röschen zupfen.
7. Kalbskopf und Briesröschen unter die Brötchenmasse heben und aus der Masse Knödel formen.
8. In leicht gesalzenes, kochendes Wasser geben und bei geringer Hitze ca.10 Minuten gar ziehen lassen.
9. Inzwischen die Flußkrebse mit dem Kümmel in kochendes Salzwasser schütten. Aufkochen und bei geringster Hitze 5 Minuten gar ziehen lassen.
10. Aus dem Topf nehmen. Entweder die ganzen Krebse oder nur die abgebrochenen Krebsschwänze mit den abgetropften Knödeln und der Grünen Soße (siehe nachfolgendes Rezept) servieren.

GRÜNE SOSSE

Je 1 Bund Kerbel, Dill, Sauerampfer, Petersilie, Borretsch, Schnittlauch und Pimpernell
1/8 l trockener Rheingauer Riesling
1 gehackte Schalotte
1/8 l Kalbsfond (siehe Küchenlexikon)
3 EL Crème double
etwas Zitronensaft
1 Stück kalte Butter
Salz, Pfeffer

1. Die Kräuter verlesen, waschen und von den dicken Stielen befreien.
2. Wein mit der gehackten Schalotte aufkochen und etwa auf die Hälfte einkochen lassen.
3. Kalbsfond dazugeben und die Flüssigkeit auf etwa ein Drittel einkochen lassen.
4. Crème double unterrühren und die Soße ca.7 Minuten bei geringer Hitze köcheln lassen.
5. Die Soße etwas abkühlen lassen, die Kräuter hineinstreuen. Mit einem Pürierstab mixen und durch ein Sieb streichen.
6. Die Soße mit Zitronensaft, Salz und Pfeffer abschmecken und mit einem Stück kalter Butter geschmacklich abrunden.

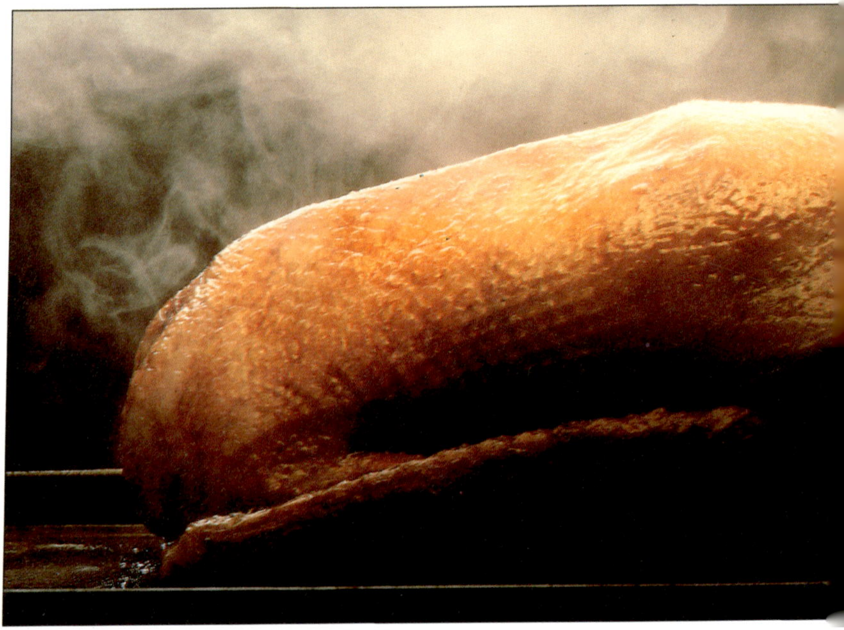

Wodarz' Lieblingsgans oder Die Gans von der »Ente«

- 1 junge frische Gans
- 100 g Weißbrot ohne Rinde
- 1/8 l süße Sahne
- 20 g getrocknete Steinpilze
- 0,1 l trockener Rotwein
- 50 g geräucherter, durchwachsener Speck
- 50 g frische, geputzte Champignons
- 1 säuerlicher Apfel
- 40 g Schalotten
- 1 Knoblauchzehe
- 1/4 Lorbeerblatt
- 1 Wacholderbeere
- 20 g Butter
- 1 cl Apfelbrand
- 1 cl Weinbrand

150 g Kalbfleisch
1 Bund Petersilie
100 g Gänseleber (durch ein Sieb streichen)
50 g gepökelte, gekochte Rinderzunge
1 Ei
etwas Thymian
etwas Rosmarin
Muskat
abgeriebene Schale von einem Viertel einer unbehandelten Zitrone
Salz, Pfeffer

1. Die Gans unter fließendem kalten Wasser säubern, gut trockentupfen.
2. Das Weißbrot in der Sahne einweichen.
3. Die Steinpilze mit Rotwein übergießen und durchziehen lassen.
4. Den Speck fein würfeln und in einer Pfanne auslassen. Beiseite stellen.
5. Die Champignons in Scheiben schneiden.
6. Den geschälten, entkernten Apfel in grobe Würfel schneiden.
7. Schalotten und Knoblauchzehe fein schneiden. Den Knoblauch mit etwas Salz zerdrücken.
8. Lorbeerblatt und Wacholderbeere zerreiben.
9. Butter zerlassen, Speck, Champignons, Apfel, Schalotte, Knoblauch, Lorbeer und Wacholder andünsten.
10. Mit Apfel- und Weinbrand ablöschen und auskühlen lassen.
11. Kalbfleisch grob würfeln und dazugeben. Petersilie, Weißbrot, Steinpilze und Gänselebermus zufügen.
12. Alles durch die feine Lochscheibe eines Fleischwolfes drehen.
13. Die gepökelte Rinderzunge grob würfeln.
14. Rinderzunge, Ei, Salz und Pfeffer zur durchgedrehten Masse geben und damit vermischen. Mit Thymian, Rosmarin, Muskat, Zitronenschale, Salz und Pfeffer abschmecken.
15. Die Gans von innen und außen leicht salzen.
16. Die Füllung in die Gans geben und die Gans gut verschließen (zustecken oder -nähen).
17. In einem Bräter im vorgeheizten Backofen bei 250 Grad je nach Größe der Gans 1½–2 Stunden braten. Am Anfang etwas Wasser zugießen und die Gans zwischendurch immer wieder mit der eigenen Soße begießen. Vor dem Servieren wird die Gans zerteilt und die Füllung als Beilage dazu gereicht.

Mohngefrorenes mit Mandelsoße und Buchteln

140 g Vollmilch
1/2 Vanillestange
80 g gemahlener Mohn
1 Eigelb
80 g Zucker
40 g Honig
300 g geschlagene Sahne
20 g Butter

1. Die Hälfte der Milch mit der halben Vanillestange in einen Topf geben und aufkochen. Den Topf von der Herdplatte nehmen und die Vanillestange herausfischen.

2. Das Mark aus der Vanillestange schaben und in die Milch geben. Den Mohn einstreuen und ca. 1 Minute bei mittlerer Hitze abbrennen. Danach beiseite stellen.
3. Eigelb und Zucker in einem wasserbadgeeigneten Gefäß verrühren.
4. Übrige Milch mit dem Honig kurz aufkochen und unter ständigem Rühren nach und nach zur Eigelbmasse geben.
5. Alles im heißen, nicht kochenden Wasserbad so lange rühren, bis die Masse dicklich wird.
6. Aus dem Wasserbad nehmen und die Mohnmasse unterrühren.
7. Abkühlen lassen, gelegentlich umrühren.
8. Die geschlagene Sahne vorsichtig unter die kalte Mohnmasse heben.
9. In vier gebutterte Portionsschalen füllen und für etwa 12 Stunden in das Gefriergerät stellen.
10. Die Schalen mit dem Mohngefrorenen vor dem Servieren wenige Sekunden in heißes Wasser tauchen und auf vorgekühlte Teller stürzen. Dazu Mandelsoße und Buchteln (siehe Zusatzrezepte) servieren.

MANDELSOSSE

3 Eigelb
50 g Zucker
100 g Marzipanrohmasse
60 g gemahlene Mandeln
1/4 l Vollmilch
1/2 Vanillestange
20 g Mandellikör

1. Eigelb, Zucker und zerkrümelte Marzipanrohmasse in einer Schüssel cremig aufschlagen.
2. Die Mandeln in einer trockenen Pfanne hellbraun anrösten.
3. Milch, Mandelmehl und die Vanillestange in einem Topf aufkochen.
4. Die Vanillestange herausnehmen, das Mark herausschaben und zur Mandelmilch geben.
5. Die Milch sofort unter die cremig geschlagene Eigelbmasse rühren.
6. Im heißen, nicht kochenden Wasserbad so lange rühren, bis die Masse dicklich wird.
7. Aus dem Wasserbad nehmen und unter gelegentlichem Umrühren abkühlen lassen.
8. Zum Schluß den Mandellikör unter die kalte Soße rühren.

Buchteln

250 g Mehl
1 Msp. Zimtpulver
0,1 l Vollmilch
35 g Zucker
35 g Butter
Schale einer unbehandelten Zitrone
1 Ei
14 g Hefe
60 g Butter
1 Prise Salz

1. Das Mehl in eine Schüssel sieben, eine Prise Salz und den Zimt zugeben.
2. Milch, Zucker, Butter, abgeriebene Zitronenschale und das Ei in einen Topf geben.
3. Verrühren und auf Handwärme erhitzen.
4. Dann die Hefe hineinbröckeln und unterrühren.
5. Diese Masse zum Mehl geben und daraus einen glatten, trockenen Teig herstellen. Der Teig ist gut, wenn er sich beim Kneten vom Schüsselrand löst.
6. Mit einem Tuch abgedeckt an einem warmen Ort (nicht über 40 Grad) ca. 15 Minuten gehen lassen. Den Teig nochmals kräftig durchkneten und 30 Minuten warm stellen.
7. Auf einer bemehlten Fläche ca. 1,5 cm dick ausrollen und mit einer Ausstechform Kreise von ca. 2,5 cm Ø ausstechen.
8. Die Teigkreise zu Kugeln formen.
9. Butter schmelzen, in eine Schüssel gießen und die Teigkugeln darin wälzen, damit die Buchteln nach dem Backen leicht auseinanderfallen.
10. Ein Backblech mit Butter bepinseln und die Teigkugeln nebeneinander daraufsetzen. Von oben ganz leicht mit Butter bestreichen.
11. Die Kugeln mit einem Tuch abgedeckt zur doppelten Größe aufgehen lassen.
12. Im vorgeheizten Backofen bei 250 Grad ca. 10 Minuten knusprig und goldbraun backen.

Das Beste vom Kalb

600 g ausgelöster Kalbskopf (vorbestellen)
2 EL Estragon-Essig
2 Zitronen
1 Kalbszunge
1 mittelgroße Zwiebel
1 Lorbeerblatt
1 Gewürznelke
1 Msp. Thymian
evtl. Petersilienstiele
200 g gewässertes, enthäutetes Kalbsbries
300 g Kalbsfilet
200 g Kalbsnieren
50 g Butter
1/8 l trockener Riesling
1/2 l süße Sahne
50 g Prinzeßbohnen
50 g Möhrenstreifen
50 g Selleriestreifen
12 Flußkrebse
100 g Pfifferlinge
1 Eigelb
Salz, Pfeffer

1. Den Kalbskopf mit Essig und Zitronensaft 1 Minute lang in kochendes Salzwasser geben. Herausnehmen, kalt abbrausen und in 4 cm große Stücke schneiden.
2. Kalbskopfstücke, Zunge, Zwiebel, Lorbeer, Nelke, Thymian und Petersilienstiele in einen Topf geben, mit Wasser bedecken und leicht salzen.
3. Aufkochen lassen und ca. 40 Minuten garen.
4. Das Bries für 2 Minuten in kochendes Salzwasser geben, herausnehmen, kalt abbrausen. In kleine Stücke zupfen.
5. Das Kalbsfilet in 1/2 cm dicke, die Nieren in sehr dünne Scheiben schneiden; dabei das Fett von den Nieren entfernen.
6. Die Nierenscheiben kurz in 1 EL Butter andünsten und beiseite stellen.
7. Den Kalbskopf und die Zunge aus der Brühe nehmen. Die Zunge in kaltem Wasser abkühlen, häuten, in Scheiben schneiden. Die Brühe durch ein feines Sieb gießen, mit dem Wein erneut aufkochen.
8. 5 EL Sahne steif schlagen und beiseite stellen; den Rest zur Weinbrühe gießen und alles dicklich einkochen lassen.
9. Das Gemüse sortenweise in Salzwasser knackig garen. Die Krebse 5 Minuten in Salzwasser kochen. Herausnehmen und aus der Schale lösen.
10. Sämtliches Fleisch und die Pilze in der Soße gut durchziehen lassen.
11. Die steifgeschlagene Sahne mit dem Eigelb verrühren. Mit der übrigen Butter unter das Ragout ziehen. Abschmecken, mit dem Gemüse sowie den Krebsen anrichten.

HUBERT SCHEID JUN.

Es klingt fast unglaublich. Schon mit 21 Jahren erhielt Hubert Scheid jun. hohe Auszeichnungen als Koch. Dabei hat er den Beruf des Kochs nie gelernt, sondern ist Konditor. Innerhalb weniger Jahre ist es diesem Naturtalent gelungen, aus dem elterlichen Dorfgasthaus mit Bäckerei eine beachtenswerte Feinschmeckeradresse zu machen, ohne das Konzept des Familienbetriebes aufzugeben. Mutter Scheid fährt immer noch morgens ab sechs Uhr Brot und Brötchen für die Kunden aus. Die Schwester kümmert sich um den Service. Von außen sieht das unscheinbare Anwesen im Moseldörfchen Wasserliesch bei Konz nach bürgerlicher Küche aus, und auch die Einrichtung – im gepflegten Provinzstil gehalten – läßt nicht auf gehobene kulinarische Freuden schließen. Doch der Schein trügt, der junge Hubert Scheid macht eine vorzügliche Küche von der leichten Art. Der Weg vom Zuckerbäckerlehrling im nahen Trier bis zum Meisterkoch war kurz, aber längst nicht so zielstrebig, wie es den Anschein hat. Nach der Ausbildung ging Hubert Scheid als Pâtissier nach Brüssel ins berühmte »Cravache d'Or«. Doch brauchte man hier eigentlich einen Spezialisten für Fisch und Soßen. Scheid: »Da habe ich es halt gemacht und dabei gelernt. Schwierig war das eigentlich nicht, schließlich hat man als Konditor ja gelernt, exakt und perfekt zu arbeiten.« Eine kurze Saison arbeitete er noch bei Rostang an der Côte d'Azur, ehe er an den heimischen Herd zurückkehrte.

Die Eltern hatten inzwischen den Gasthof neben der Bäckerei in ein kleines Restaurant umgebaut. Dort kochte ein Luxemburger das, was man auf dem Lande damals in den 70er Jahren für die große Küche hielt: Filet, Froschschenkel, Schildkrötensuppe usw. Das reichte dem heimgekehrten Junior, der ein leidenschaftlicher Feinschmekker ist, natürlich nicht. Er stellte ziemlich radikal auf Neue Küche um. Doch ebensowenig wie er den Moselaner Dialekt abgelegt hat, leugnet er bäuerliche Traditionen. Viele Gerichte auf seiner Speisekarte entstanden als Erinnerung an die deftige Küche von vorgestern, gekonnt verfeinert durch das, was er draußen gelernt und gesehen hat. Ob er nun die Gänseleber in einem Eiswein von der Saar einlegt, die feinen Nadelböhnchen mit Schweinebäckchen zum rustikalen Salat kombiniert, ob er Joghurt und Kräuter zum Sorbet gefriert oder Omas Schnippelbohneneintopf als delikates Süppchen wieder auferstehen läßt – an Anregungen und an Ideen besonderer Art fehlt es ihm nicht.

Bohnensalat mit Lammhaxe

Für die Lammhaxe:

2 Lammhaxen (ca. 500 g)
je 50 g geputzte Möhren, Lauchstange und Sellerieknolle
25 g gewürfelte Schalotten
3 Knoblauchzehen
1 Lorbeerblatt
5 Wacholderbeeren
1 Gewürznelke
1 Flasche leichter Spätburgunder (von der Mosel oder Saar)
1 EL Öl

Für den Salat:

400 g Prinzeßbohnen
1 Ei
1 kleine Schalotte
1 kleine Knoblauchzehe
1 TL Senf
Saft von 1/2 Zitrone
1 EL Weinessig
150 g Pflanzenöl
50 g Nußöl
100 g süße Sahne
2 große Kopfsalatherzen
1 kleines Bund Bohnenkraut
Salz, Pfeffer

1. Lammhaxen von Haut und Sehnen befreien.
2. Möhren und Lauch in Scheiben, Sellerie in kleine Würfel schneiden.
3. Gemüsestücke, Schalotten- und Knoblauchwürfel, Lorbeer, zerdrückte Wacholderbeeren und Gewürznelke mit dem Rotwein mischen und die Lammhaxen hineinlegen (Foto 1). Abgedeckt im Kühlschrank über Nacht durchziehen lassen.
4. Die Lammhaxen aus der Marinade nehmen, trockentupfen. In heißem Öl in einer Pfanne rundherum kräftig anbraten. Mit der Marinade ablöschen (Foto 2).
5. Die Pfanne in den vorgeheizten Backofen stellen und die Lammhaxen bei 170 Grad ca. 60 Minuten gar schmoren lassen. Zwischendurch immer wieder mit der Flüssigkeit übergießen.
6. In der Zwischenzeit die geputzten Prinzeßbohnen in Salzwasser waschen. In kochendes Salzwasser schütten und 1 Minute sprudelnd kochen lassen. In kaltem Salzwasser auskühlen lassen.
7. Ei, Schalotte, Knoblauchzehe, Senf, Zitronensaft und Weinessig mit Salz und Pfeffer in einem Mixer pürieren. Nach und nach das Öl zugeben und zum Schluß die Sahne unterrühren.
8. Gewaschene, abgetropfte Salatherzen auf vier Tellern anrichten. Abgespülte, abgetropfte Böhnchen ebenfalls verteilen und mit Bohnenkraut garnieren (Foto 3).
9. Die Lammhaxen aus dem Ofen nehmen und das Fleisch in dünne Scheiben schneiden.
10. Den Salat leicht mit der Soße überziehen (Foto 4) und die noch lauwarmen Fleischscheiben daranlegen.

Hühnereintopf mit Gemüsen quer durch den Garten

1 kg Hühnerklein
1 Bund Suppengemüse
1 Lorbeerblatt
1 Gewürznelke
1 Zwiebel
2 l Wasser

1 kleiner Blumenkohl
1 kleiner Wirsingkohl
4 Teltower Rübchen
2 Stangen Lauch
4 Möhren
4 große Kartoffeln
2 frische Poularden von 1,2–1,4 kg (in Brüste ohne Haut und Knochen sowie Keulen ohne Haut zerteilt)
1 Lorbeerblatt
4 Pfefferkörner
5 Zweige Estragon
Salz

1. Hühnerklein kalt abspülen, abtropfen lassen.
2. Geputztes Suppengemüse grob zerkleinern. Das Lorbeerblatt mit einer Gewürznelke auf der Zwiebel feststecken.
3. Hühnerklein, Suppengemüse, gespickte Zwiebel und etwas Salz in einen großen Topf geben, 2 l kaltes Wasser dazugießen (Foto 1), langsam zum Kochen bringen.
4. Den dabei entstehenden Schaum abschöpfen. Bei geringer Hitze etwa 1½ Stunden köcheln lassen. Danach durch ein mit einem Tuch ausgelegtes Sieb schütten.
5. In der Zwischenzeit den Blumenkohl vom Strunk befreien und in Röschen zerteilen.
6. Äußere Blätter und Strunk vom Wirsing abschneiden und den Kohl in Stücke schneiden. Teltower Rübchen schälen, geputzten Lauch in Stücke schneiden. Geschälte Möhren in Form schnitzen und etwas vom Grün daranlassen.
7. Aus den geschälten Kartoffeln mit einem Kugelausstecher Kugeln herausstechen.
8. Sämtliche Gemüse, das Poulardenfleisch und die klare Hühnerbrühe in einen Topf geben.
9. Etwas Salz, Lorbeer, Pfefferkörner und Estragonstiele dazugeben.
10. Alles langsam zum Kochen bringen und bei geringer Hitze etwa 30 Minuten garen (Foto 2). Mit frischen Estragonblättern garniert servieren.

Kartäuserklöße mit Birne und zwei Soßen

4 trockene Milchbrötchen
1 l Vollmilch
200 g Zucker

½ TL Zimt
2 Eier
Paniermehl
30 g Butter
2 große reife Birnen
¼ l Vanillesoße (siehe Küchenlexikon)
1 Zweig frische Pfefferminze

Für die Karamelsoße:
150 g Würfelzucker
0,1 l Wasser
0,2 l süße Sahne

1. Die trockenen Milchbrötchen rundherum abreiben (Foto 1). Milch mit Zucker und Zimt verrühren.

2. Die abgeriebenen Milchbrötchen ca. 2 Stunden in der Milch einweichen.

3. Vorsichtig ausdrücken, damit sie ihre Form behalten. Zuerst in verquirlten Eiern, dann in dem Paniermehl wälzen.

4. Butter in einer Pfanne zerlassen und die Klöße darin rundherum anbraten (Foto 2).

5. Im vorgeheizten Backofen bei 180 Grad in ca. 15–20 Minuten goldbraun backen.

6. Inzwischen die halbierten, entkernten Birnen in einem Dampfdrucktopf 2 Minuten dämpfen oder in wenig Zitronensaft kurz im geschlossenen Topf dünsten.

7. Würfelzucker und Wasser in einen Topf geben, etwas einkochen und goldbraun karamelisieren lassen.

8. Unter Rühren die Sahne dazugießen, dicklich einkochen lassen.

9. Auf jeden Teller etwas Karamel- und Vanillesoße geben. Die Kartäuserklöße aufschneiden, auf die Vanillesoße legen; die Birnenhälften auf die Karamelsoße setzen. Mit Pfefferminzblättchen oder Zitronenmelisse garnieren.

Schnippelbohnensuppe

100 g durchwachsener, gewürfelter Speck
100 g gewürfelte Schalotten
1 kleine geputzte, kleingeschnittene Stange Lauch
50 g gewürfelte Sellerieknolle
50 g Mehl
75 g geschälte, geriebene Kartoffeln
1 l Rinderbrühe (siehe Küchenlexikon)
500 g geschnippelte Schnittbohnen
4 EL saure Sahne
etwas frisches Bohnenkraut
Salz, Pfeffer

1. Die Speckwürfel in einem Topf auslassen.
2. Schalotten, Lauch und Sellerie darin andünsten.
3. Das gesiebte Mehl und die geriebenen Kartoffeln in den Topf geben und die Rinderbrühe aufgießen.
4. Alles aufkochen lassen und die Schnippelbohnen dazugeben.
5. Zugedeckt bei geringer Hitze ca. 8 Minuten gar kochen lassen.
6. Vor dem Servieren die saure Sahne unterrühren und die Suppe mit Bohnenkraut, Salz und frisch gemahlenem Pfeffer abschmecken.

Gebratener Zander auf Rahmsauerkraut

100 g geräucherter, durchwachsener Speck
4 Stück Zanderfilet à 150 g
100 g Weißbrotwürfel
75 g Butter
Salz, Pfeffer

Für das Rahmsauerkraut:

50 g Gänseschmalz
50 g gehackte Schalotten
150 g süße Sahne
200 g gewaschenes, abgetropftes Sauerkraut
3 Wacholderbeeren
Salz, Pfeffer

1. Das Gänseschmalz zerlassen und die gehackten Schalotten darin andünsten.
2. Die Sahne dazugeben und aufkochen lassen.
3. Das Sauerkraut und die Wacholderbeeren zufügen, leicht mit Salz und Pfeffer würzen und etwas einkochen lassen.
4. Den geräucherten Speck fein würfeln und in einer Pfanne ausbraten.
5. Das Zanderfilet leicht mit Salz und frisch gemahlenem Pfeffer würzen und in dem ausgebratenen Speck von jeder Seite ca. 1½ Minuten braten.
6. Nebenbei die Brotwürfel in zerlassener Butter goldbraun anrösten.
7. Das Sauerkraut auf vorgewärmten Tellern anrichten und das Zanderfilet darauflegen. Mit den Speck- und Brotwürfeln bestreut servieren.

Traubensuppe mit Rieslingsekt und Schnee-Eiern

400 g Weintrauben
½ Flasche Rieslingsekt
4 cl Riesling-Trester-schnaps

Für die Schnee-Eier:

100 g Eiweiß
150 g Zucker
0,3 l Vollmilch
1 Vanillestange

1. Die Haut von den Weintrauben abziehen.
2. Die enthäuteten Weintrauben halbieren und entkernen.
3. 100 g dieser Trauben mit einem Pürierstab oder im Mixer pürieren und durch ein Sieb streichen. Die übrigen Weintrauben für die Suppeneinlage beiseite stellen.
4. Das Eiweiß steif schlagen; dabei 50 g Zucker einrieseln lassen.
5. Den übrigen Zucker mit der Milch und der längs halbierten Vanillestange aufkochen lassen.
6. Mit Hilfe von zwei Teelöffeln kleine Klößchen von dem Eischnee abstechen und auf ein mit Wasser benetztes Stück Pergamentpapier setzen.
7. Den Topf mit der Milch von der Kochstelle nehmen. Die Schnee-Eier auf die heiße, nicht kochende Milch setzen und zugedeckt ca. 6 Minuten gar ziehen lassen.
8. Das Traubenpüree mit dem Sekt und dem Tresterschnaps mischen; auf vier Suppenteller verteilen. Die Weintraubenhälften dazugeben.
9. Die abgetropften Schnee-Eier auf die Traubensuppe setzen.

HELMUT KRAUSLER

Der Name »Bergcafé« läßt eher an ein Ausflugslokal denken als an ein Gourmet-Restaurant. Und genau das war es auch, bevor Helmut Krausler dieses sehr hübsch außerhalb des Ortes Niederaichbach auf einer kleinen Anhöhe gelegene Haus von seinen Schwiegereltern übernahm. Der ehrgeizige Koch ist Witzigmann-Schüler. Mit beharrlicher Konsequenz hat Helmut Krausler aus dem schwiegerelterlichen »Bergcafé« ein Restaurant von beachtlicher Qualität gemacht. Vier Jahre lang kochte er sowohl Gulasch als auch Seezunge, Schnitzel ebenso wie Lammrücken. Heute hat er das nicht mehr nötig. Das »Bergcafé« ist das beste Restaurant im weiten Umkreis. Die Gäste kommen aus Regensburg, Passau, Landshut und sogar aus München.

Krausler stammt aus der Oststeiermark. Dort hat er auch gelernt. Anschließend kochte er zuerst in Velden am Wörthersee, dann am Arlberg in Kitzbühel, wo er auch seine spätere Frau kennenlernte, die im gleichen Hotel arbeitete wie er. Zwischendurch sammelte er Auslandserfahrungen im berühmten »Operakällaren« in Stockholm und zwei Jahre auf den Schiffen der Schweden-Amerika-Linie. Zurück in Deutschland fühlte er sich reif zum Küchenchef und nahm eine entsprechende Stelle im »Seehotel Undosa« am Starnberger See an.

Ein anderer, weniger ehrgeiziger Koch hätte es dabei wohl bewenden lassen. Nicht so Krausler. Für ihn schlug 1971 wie für einige andere, die heute zur ersten Garde der deutschen Köche zählen, die Stunde Null. In München eröffnete ein Restaurant mit dem merkwürdigen Namen »Tantris« seine Pforten und ein anderer Österreicher, nämlich Eckart Witzigmann, übernahm die Leitung der Küche. Krausler fing noch mal ganz von vorne an. Drei Jahre lang machte er alle Posten durch. Erst danach fühlte er sich reif für die Selbständigkeit. Witzigmann war es auch, der ihn auf die Idee brachte, bodenständige bayerische Gerichte nach Art der Neuen Küche zuzubereiten, ohne ihnen die Substanz zu nehmen.

Strudel-suppe

2 kleine Zwiebeln
1 geschälte Möhre
½ geputzte Sellerieknolle
1 geputzte Stange Lauch
je 200 g Rind- und Kalbfleisch
evtl. je 1 rote, gelbe und grüne Paprikaschote
300 g Mehl
0,15 l Wasser
1 EL Öl
etwas Majoran
1 TL gehackte, glatte Petersilie
1 Ei
1 TL Butter
1 Bund Schnittlauch
Muskat
Salz, Pfeffer

1. Eine Zwiebel halbieren und in einer Pfanne anrösten.
2. Mit dem grob zerkleinerten Gemüse, dem Fleisch und 3 l Wasser in einen Topf geben.
3. Etwa 2–3 Stunden im offenen Topf köcheln lassen.
4. Die Paprikaschoten dünn schälen, entkernen und in feine Würfel schneiden.

5. Das Mehl mit dem Wasser und dem Öl zu einem glatten Teig verkneten und ruhen lassen.
6. Die übrige Zwiebel würfeln, ebenfalls in einer Pfanne anrösten.

7. Das Fleisch aus der Brühe heben, etwas abkühlen lassen.

8. Zusammen mit den Zwiebelwürfeln durch einen Fleischwolf mit feiner Lochscheibe drehen und die Masse mit Majoran, Petersilie sowie dem Ei vermischen. Die Paprikawürfel dazugeben.

9. Mit Muskat, Salz und frisch gemahlenem Pfeffer würzig abschmecken.

10. Den Strudelteig auf einem mit Mehl bestreuten Geschirrtuch etwa 2 mm dünn ausrollen.

11. Dann den Teig mit bemehlten Handrücken von der Mitte aus fast durchsichtig ausziehen. Die Fleischfüllung gleichmäßig darauf verteilen.

12. Den belegten Strudelteig vorsichtig aufrollen und auf ein gebuttertes Backblech setzen. Im vorgeheizten Backofen bei 180 Grad ca. 40 Minuten backen.

13. Inzwischen die durch ein Sieb gegossene Brühe erhitzen und den Schnittlauch in Röllchen schneiden. Das Backblech aus dem Backofen nehmen.

14. Den Strudel in drei Zentimeter dicke Scheiben schneiden und in vorgewärmte Suppenteller geben.

15. Mit Brühe auffüllen und mit Schnittlauch bestreut servieren.

Donauwaller aus dem Sud

Der Waller kann für mehr als vier Personen sehr gut unzerteilt zubereitet und im Ganzen serviert werden. Für kleinere Mengen empfehlen sich portionierte Wallerfilets. Das folgende Rezept sieht beide Zubereitungsweisen vor.

- *1 junger, ganzer Donauwaller (beim Einkauf ausnehmen, evtl. in Filets zerteilen lassen)*
- *ca. 1/4 Sellerieknolle*
- *1 Möhre*
- *1 Stange Lauch*
- *2 kleine Zwiebeln*
- *1 Lorbeerblatt*
- *2 Gewürznelken*
- *10 weiße Pfefferkörner*
- *2 Zweige Dill*
- *2 Zweige glatte Petersilie*
- *ca. 1 1/2 l Wasser*
- *0,1 l trockener Weißwein*
- *1 unbehandelte Zitrone*
- *4 Zweige Kerbel*
- *100 g kalte Butter*
- *Salz, weißer Pfeffer*

1. Sellerie, Möhre und Lauch putzen, kleinschneiden (für die Wallerfilets in feine Streifen schneiden). Die Zwiebeln in Ringe schneiden.

2. Soll der Waller unzerteilt zubereitet werden, zerkleinertes Gemüse, Lorbeerblatt, Gewürznelken, Pfefferkörner, Dill und Petersilienzweige in

einen großen, breiten Topf geben, das leicht gesalzene Wasser und den Wein dazugießen. Die Schale von einer halben Zitrone hineingeben, alles aufkochen lassen.

3. Sollen zerteilte Wallerfilets zubereitet werden, das in Streifen geschnittene Gemüse in kochendem Salzwasser separat garen, und zwar den Lauch 1 Minute, das übrige Gemüse sortenweise jeweils 3 Minuten. Kalt abschrecken und abtropfen lassen.

4. Den ganzen Waller vorsichtig hineinlegen, mit der heißen Flüssigkeit übergießen und zugedeckt bei geringer Hitze ca. 20 Minuten, die Wallerfilets ca. 10 Minuten gar ziehen lassen.

5. Etwa 0,1 l Wallersud durch ein Sieb gießen und erneut erhitzen.

6. Den Kerbel zupfen. Nach und nach die Butter flöckchenweise unter den Wallersud schlagen.

7. Diese Soße mit Zitronensaft, Kerbel, Salz und frisch gemahlenem Pfeffer abschmecken. Für die Wallerfilets die Gemüsestreifen in der Soße erhitzen.

8. Den Waller aus dem Sud heben und abtropfen lassen. Das Filet vom ganzen Waller ablösen; dabei die Haut entfernen.

9. Das Wallerfilet auf vorgewärmten Tellern anrichten und mit der Soße überziehen. Dazu passen in Form geschnitzte, knackig gegarte Gemüse (z. B. Möhren, Staudensellerie, weiße Rübchen, Lauch) und in Butter geschwenkte neue Kartoffeln.

Apfelmaultaschen

1 kg Kartoffeln
100 g Kartoffelmehl
3 Eigelb
4 mittelgroße Äpfel
100 g Zucker
40 g zerlassene Butter
2 EL Zitronensaft
4 EL saure Sahne
50 g Puderzucker
1 Prise Salz

1. Die gesäuberten Kartoffeln auf ein Backblech legen und im vorgeheizten Backofen bei 160 Grad ca. 45 Minuten garen. Dann das Backblech aus dem Ofen nehmen und die Kartoffeln pellen.
2. Die gepellten Kartoffeln durch eine Kartoffelpresse geben oder durch ein Sieb streichen.
3. In einer Schüssel mit dem gesiebten Kartoffelmehl, dem Eigelb und einer Prise Salz zu einem Teig verkneten.

4. Die geschälten Äpfel vierteln, entkernen und in Würfel schneiden. Mit dem Zucker in schäumender Butter leicht karamelisieren und mit Zitronensaft beträufeln.

5. Den Kartoffelteig auf einer bemehlten Arbeitsfläche zu einem etwa 40x20 cm großen Rechteck ausrollen und daraus vier 10x20 cm große Stücke schneiden.

6. Die Apfelfüllung und 1 EL saure Sahne auf je eine Teighälfte geben und die andere Teighälfte darüberklappen. Die Teigränder gut zusammendrücken.

7. Die Apfelmaultaschen auf ein gebuttertes Backblech setzen und im vorgeheizten Backofen bei 200 Grad ca. 30 Minuten backen.

8. Das Backblech aus dem Backofen nehmen und die Apfelmaultaschen mit Puderzucker bestäuben.

Lammfilets auf Rosenkohl

500 g Rosenkohl
400 g Lammfilets
2 gewürfelte Schalotten
2 TL Butter
50 g feingeschnittener Räucherspeck
0,1 l süße Sahne
1 EL Olivenöl
1 Knoblauchzehe
1 Zweig Thymian
6 EL eingekochter Lammfond (siehe Küchenlexikon)
Salz, Pfeffer

1. Den Rosenkohl putzen: den Strunk abschneiden, so daß die äußeren Blätter abfallen; die Röschen vierteln und den übrigen Strunk herausschneiden.
2. Den Rosenkohl in kochendem Salzwasser ca. 8 Minuten garen.
3. Die Lammfilets von Häutchen sowie Sehnen befreien und halbieren.
4. Den Rosenkohl in kaltem Wasser abschrecken und in einem Sieb abtropfen lassen.
5. Die Schalotten in 1 TL zerlassener Butter und dem Speck andünsten.
6. Den abgetropften Rosenkohl dazugeben, alles mit Salz und frisch gemahlenem Pfeffer würzen und die Sahne aufgießen. Etwas einkochen lassen.
7. Das Olivenöl in einer Pfanne erhitzen, die übrige Butter, die Knoblauchzehe sowie den Thymian dazugeben und die Lammfilets darin von jeder Seite in ca. 2–3 Minuten rosa braten.
8. Die Lammfilets herausnehmen, mit dem Rosenkohl auf vorgewärmten Tellern anrichten.
9. Den Bratensatz in der Pfanne mit dem eingekochten Lammfond ablöschen und über die Filets geben.

Zwetschgensuppe mit »Hasenohren«

500 g entsteinte Zwetschgen
150 g Zucker
1 Zimtstange
2 Gewürznelken
etwas abgeriebene Schale von einer unbehandelten Zitrone

Für die Hasenohren:

300 g Mehl
1 Ei
0,1 l Wasser
500 g Butterschmalz
etwas Zucker

1. Mehl, Ei und Wasser zu einem geschmeidigen Teig verrühren. Etwa 1 Stunde ruhen lassen.
2. Die Zwetschgen in einen Topf geben und mit Wasser bedecken.
3. Zucker, Zimtstange, Gewürznelken und die abgeriebene Zitronenschale dazugeben.
4. Aufkochen lassen. Zugedeckt bei geringer Hitze ca. 30 Minuten garen.
5. Den Teig auf einer bemehlten Arbeitsfläche dünn ausrollen; gleichschenkelige Dreiecke daraus ausschneiden.
6. Das Butterschmalz erhitzen und die Teigdreiecke darin goldbraun ausbacken. Auf Küchenpapier legen, damit überschüssiges Fett aufgesaugt wird.
7. Die Zwetschgen in ein Sieb schütten. Die Zimtstange und die Gewürznelken herausnehmen und die Zwetschgen durch das Sieb streichen.
8. Die Hasenohren mit der Zwetschgensuppe in vorgewärmten Suppentellern anrichten und mit Zucker bestreuen.

VINCENT KLINK

Vincent Klink ist Schwabe – durch und durch. Ein wenig verschmitzt, durchaus dickköpfig und beharrlich, musisch, ja poetisch veranlagt, praktisch und philosophisch zugleich. Seit über zehn Jahren betreibt er schon sein Restaurant »Postillon« in Schwäbisch Gmünd. Er war einer der ersten, die damals, in der Mitte der 70er Jahre, in Deutschland die Küchenrevolution entfachten.

Klink ist so vielseitig begabt, wie sein Küchenzettel bunt ist. Er kocht exzellent, malt (die hinreißenden Kalligraphien seiner Tageskarten schreibt er selbst), er spielt das Jazz-Cornet genauso wie die Querflöte und die Konzertgitarre, er fährt Rennrad in der Freizeit, aber er ist kein so verbissener Sportler, daß er dem Viertele abschwören würde.

Als Koch ist er bodenständig. Sonst würden die eher sparsamen und puritanischen Einheimischen auch kaum sein Lokal besuchen. Fleisch in ausgezeichneter Qualität bezieht Klink über den Schlachthof der Stadt, der von seinem Vater geleitet wird. Als Sohn eines Veterinärs kennt der junge Gastronom alle Bauernhöfe des weiten Umkreises und sucht sich darunter mit großer Sorgfalt seine Lieferanten für Obst, Gemüse und Freiland-Hühnchen.

Am Herd hat Vincent Klink Witz und Esprit. Das entspricht seinem persönlichen Naturell, denn dieser gemütliche Schwabe ist ein humoriger und ironischer Unterhalter.

Für seine Küche verwendet er nur allerbeste Produkte. Das kommt auch bei einfachen Gerichten wie Tafelspitz in Schnittlauchsoße oder Kutteln in Lemberger voll zum Ausdruck. Hier wird Neue Küche als Alltagskost praktiziert. Klink hat Sinn fürs Einfache, verwirklicht aber auch auf dem Teller manchen kühnen Geniestreich. So bekommt man bei ihm gepökelte Schweinebacke auf Löwenzahn und Linsen genauso wie roh marinierte Jakobsmuscheln mit Borretschblüten. Manche seiner Spezialitäten gehören in den Bereich des Gutbürgerlichen, Bäuerlichen, aber sie sind so fein gemacht, daß sie ein überraschend neues Geschmackserlebnis hervorrufen. Die schwäbische Weckensuppe, ursprünglich ein Arme-Leute-Essen, wurde von ihm mit jungem Zwiebellauch und Krebsschwänzen so verfeinert, daß sie sich gut als Auftakt eines Festessens eignet.

Löwenzahnsalat mit Linsen und gepökelter Schweinebacke

Für die Linsen:

100 g Linsen
20 g geräucherter, durchwachsener Speck
1 Kräutersträußchen (1 Stange Lauch, 1 kleines Lorbeerblatt, 1/2 Zweig Thymian)

Für die Schweinebacke:

1 gepökelte Schweinebacke (beim Metzger vorbestellen)
1 Zwiebel
1 Lorbeerblatt
2 Gewürznelken

Für den Salat:

250 g Löwenzahnblätter
2 gehackte Schalotten
1 Bund Kerbel
2 EL dunkler Rotwein
2 EL Rotweinessig
5 EL Olivenöl
1 TL Walnußöl
Salz, Pfeffer

1. Die Schweinebacke mit Wasser bedeckt zum Kochen bringen. Dabei den aufsteigenden Schaum abschöpfen.
2. Die geschälte Zwiebel mit dem Lorbeerblatt und den beiden Gewürznelken spicken.
3. Zur Schweinebacke geben und alles bei geringer Hitze ca. 60–70 Minuten köcheln lassen.
4. Die Linsen waschen. Abgetropft in einen Topf geben und mit Wasser bedeckt zum Kochen bringen.
5. Schaum abschöpfen, Speck und Kräutersträußchen einlegen.
6. Bei geringer Hitze ca. 30–40 Minuten zugedeckt köcheln lassen.
7. Die verlesenen Löwenzahnblätter waschen und abtropfen lassen.
8. Schalotten, gezupften Kerbel, Rotwein und Essig verrühren. Mit Salz und frisch gemahlenem Pfeffer würzen, das Öl unterrühren.
9. Die Linsen in ein Sieb schütten, abtropfen und auskühlen lassen. Speck und Kräutersträußchen entfernen.
10. Die Schweinebacke abtropfen lassen, Fett und Schwarte völlig ablösen.
11. Das magere Schweinebackenfleisch in hauchdünne Scheiben schneiden.
12. Die Salatsoße gut durchrühren. Zuerst die Löwenzahnblätter, dann die Fleischscheiben damit beträufeln.
13. Beides dekorativ auf Tellern anrichten und mit den Linsen bestreuen.

Rouladen von der Rinderhüfte mit Lauch und Senfkörnern

4 Steaks à 160 g, aus der Rinderhüfte (beim Einkauf für die Rouladen flachklopfen lassen)
1 gehäufter EL Senfkörner (zerdrücken und in etwas Balsam-Essig über Nacht quellen lassen)
2 kleine Stangen Lauch
50 g geräucherter, durchwachsener Speck
2 EL Olivenöl
4 cl Balsam-Essig
1 Bund Suppengemüse
2 Zwiebeln
1/4 l Rotwein (Lemberger oder Spätburgunder)
20 g kalte Butter
Salz, Pfeffer

1. Die Steaks mit Salz und frisch gemahlenem Pfeffer würzen und die gequollenen Senfkörner darauf verstreichen.
2. Die geputzten Lauchstangen längs halbieren und 1 Minute in Salzwasser kochen.

3. Kalt abschrecken und sorgfältig mit Küchenpapier trockentupfen.
4. Das Fleisch mit den Lauchblättern belegen.
5. Den Speck fein würfeln und auf dem Lauch verteilen.
6. Das Fleisch zu Rouladen aufrollen und mit Küchengarn sorgfältig zusammenbinden.
7. In einem Bräter in heißem Olivenöl von allen Seiten scharf anbraten.
8. Balsam-Essig zugießen und die Rouladen zugedeckt bei geringer Hitze etwa 30 Minuten schmoren lassen.
9. Inzwischen das geputzte Suppengemüse und die geschälten Zwiebeln fein würfeln.
10. Gemüse- und Zwiebelwürfel zu den Rouladen geben. Zugedeckt 15 Minuten weiterschmoren.
11. Die Rouladen herausnehmen, warm stellen.
12. Das Gemüse bei starker Hitze im Bräter rösten, mit Rotwein ablöschen.
13. Kurz aufkochen, dann nach und nach kalte Butterflöckchen unterschlagen. Mit Salz und frisch gemahlenem Pfeffer abschmecken.
14. Das Küchengarn von den Rouladen entfernen und das Fleisch in Scheiben schneiden. Auf vorgewärmten Tellern dekorativ mit der Soße anrichten.

Pfitzauf mit Quittenmus

250 g Mehl
$^3/_4$ l Vollmilch
5 Eier
140 g Butter
Salz

Für das Quittenmus:

2 reife Quitten
1 Zitrone
ca. 50 g Zucker

1. Das Mehl mit einer Prise Salz, $^1/_4$ l Milch und den Eiern verrühren.
2. Die übrige Milch kurz aufkochen, 125 g Butter darin schmelzen lassen.
3. Zu dem Teig geben und alles mit den Knethaken eines elektrischen Handrührgerätes glattrühren.

4. Mit der restlichen Butter die Pfitzaufförmchen oder Steinguttassen ausstreichen.
5. Die Förmchen zur Hälfte mit dem Teig füllen und im vorgeheizten Backofen bei 180 Grad 30–40 Minuten backen.
6. In der Zwischenzeit die Quitten schälen, vierteln und entkernen. Sofort in Zitronenwasser legen, damit sie nicht braun werden.
7. Die Quitten durch einen Fleischwolf mit feiner Lochscheibe drehen oder grob zerkleinern und mit einem Pürierstab pürieren.
8. Das Püree in einen kleinen Topf geben und zugedeckt ca. 40 Minuten dünsten.
9. Die Pfitzaufförmchen aus dem Backofen nehmen. Das Gebäck sofort aus den Förmchen lösen.
10. Jeden Pfitzauf mit zwei Gabeln aufreißen.
11. Das Quittenmus mit Zucker abschmecken. Mit dem Pfitzauf auf Tellern anrichten.

Poulardenkeule mit Steinpilzen gefüllt

4 Poulardenkeulen
1 TL Butter
200 g geputzte, gehackte Steinpilze
1 gehäufter TL gehackte Schalotten
1 Msp. zerdrückte Knoblauchzehe
1 EL süße Sahne
1 Eigelb
2 EL zerlassene Butter
1/8 l Rotwein
1 EL kalte Butter
Salz, Pfeffer

1. Die Poulardenkeulen folgendermaßen entbeinen: Den Oberschenkelknochen von der Innenseite her vorsichtig auslösen. Den Unterschenkelknochen mit einer Messerspitze rundherum vom Fleisch lösen. Das abgelöste Fleisch dabei immer weiter nach unten schieben, bis das Knochenende erreicht ist. Das Fleisch in die ursprüngliche Form zurückdrücken. Das Ende des untersten Knochens mit einem Messerrücken anschlagen und abbrechen. Die Knochen entfernen.
2. Die Butter in einer Pfanne zerlassen. Steinpilze, Schalotten und Knoblauch darin goldbraun schwenken. Mit Salz und frisch gemahlenem Pfeffer würzen.
3. Die Sahne mit dem Eigelb vermengen und unter die Pilzmasse rühren, so daß ein dicklicher Brei entsteht.
4. Drei Viertel dieser Masse in die Poulardenkeulen füllen; den Rest beiseite stellen und warm halten. Die Öffnung der Keulen mit Küchengarn zunähen oder mit Holzspießen zustekken.
5. Die gefüllten Keulen in einen Bräter legen, mit Butter bestreichen und im vorgeheizten Backofen ca. 15 Minuten bei 180 Grad braten.
6. Die Poulardenkeulen herausnehmen, das Küchengarn oder die Holzspieße entfernen und die Keulen warm stellen.
7. Den Bratensatz im Bräter mit dem Rotwein ablöschen, aufkochen lassen und die Butter flöckchenweise mit einem Schneebesen unter die Soße schlagen.
8. Die Poulardenkeulen auf vorgewärmten Tellern mit der Soße und der warm gehaltenen Füllung anrichten. Dazu Krautspätzle servieren.

Krautspätzle

150 g Mehl
3 Eier
etwas Wasser
1 Zwiebel
2 EL Butter
300 g gekochtes Sauerkraut
Salz

1. Mehl, Eier, Wasser und eine Prise Salz zu einem glatten, zähfließenden Teig verrühren.
2. Ein angefeuchtetes Holzbrettchen dünn mit etwas Teig bestreichen. Das Brettchen mit dem Teig kurz in heißes Wasser eintauchen.
3. Dann mit einer Palette dünne Teigstreifen vom Brettchen in kochendes Salzwasser schaben.
4. Die oben schwimmenden Spätzle mit einer Schaumkelle herausheben und kalt abschrekken. Den übrigen Spätzleteig genauso verarbeiten. Die fertigen, abgeschreckten Spätzle in einem Sieb abtropfen lassen.
5. Die Zwiebel in dünne Ringe schneiden und in 1 TL heißer Butter goldbraun anrösten. Nebenher das Sauerkraut erwärmen.
6. Die Spätzle unter Schwenken in der übrigen, mäßig warmen Butter erhitzen.
7. Dann lagenweise mit dem heißen Sauerkraut anrichten und die gerösteten Zwiebelringe darüberstreuen.

PETER WEHLAUER

Bei klarem Wetter kann man von der Terrasse der »Burg Windeck« fast die ganze Oberrheinebene überblicken. Kein Wunder, daß die Burgschenke von jeher ein beliebtes Ausflugsziel war. Doch seit dort Peter Wehlauer am Herd steht, gibt es noch einen Grund mehr, den kurvenreichen Weg zur »Burg Windeck« hinzufahren. Wehlauer gehört zur Elite der bundesdeutschen Kochkünstler ud sein Restaurant »Burg Windeck« zählt zu den kulinarischen Pilgerstätten des Landes. Kaum ein anderer deutscher Koch ist so vielseitig wie Wehlauer. Das liegt sicher an seiner fachlichen Allround-Ausbildung. Er ließ sich zum Metzger, Koch und Hotelkaufmann ausbilden, hat in London (Dorchester), Paris (Meurice) und St. Moritz (Carlton) gearbeitet, aber auch in einem Ferienhotel auf Rhodos. Bereits Anfang der 60er Jahre traf er im »Schweizer Hof« in Bern auf Ernesto Schlegel, einen der großen Küchenchefs und Gastronomen der Schweiz, der seinen weiteren Lebensweg entscheidend geprägt hat. Peter Wehlauer bekennt sich auch heute noch dazu, daß dieser Mann zu seinem geistigen Ziehvater wurde. Sein zweites großes Vorbild ist der unvergessene Alfred Walterspiel, dessen Großnichte Marianne, eine versierte Hotelfachfrau, er heiratete.

Aufbauend auf dem Handwerk der klassischen Kochkunst, erarbeitete er sich mit den Prinzipien und der Philosophie der Neuen Küche seinen eigenen Kochstil, den er zunächst als Küchenchef im »Parkhotel Wehrle« und seit 1978 als eigener Herr auf »Burg Windeck« pflegt. Er ist ständig auf der Suche nach alten Rezepten, und so manches, fast in Vergessenheit geratene Alltagsgericht, verdankt seiner schöpferischen Phantasie eine genußreiche Wiederentdeckung, wie zum Beispiel das Paprikahuhn oder das Leipziger Allerlei, das in der Nachkriegszeit zu einem Karotten- und Erbseneinerlei degeneriert war. Dabei zählt dieses traditionelle Gericht zu den schönsten Schöpfungen, die die sächsische Kochkunst hervorgebracht hat. Früher, als man noch völlig auf die Produkte des heimischen Marktes angewiesen war, konnte man es nur wenige Wochen lang, im späten Frühjahr, auf den Tisch bringen. Nämlich genau dann, wenn sich Spargel- und Morchelzeit überschnitten. Zusammen mit Frühlingsgemüsen und Flußkrebsen sind sie die Hauptbestandteile dieses Gerichtes, das Wehlauer gerne als kleines Zwischengericht oder warme Vorspeise serviert. Für ihn, den phantasiebegabten und künstlerisch interessierten, ist Kochen Kunst und ein Teil unserer Kultur.

Leipziger Allerlei mit Krebsen

12 Stangen grüner Spargel
12 kleine Möhren mit Grün
200 g Sellerieknolle
200 g Schmorgurke
4 TL frische, ausgepalte Erbsen
12 Morcheln
12 Krebse à ca. 80 g
ca. 1½ l Wasser
etwas Kümmel
2 Zweige Dill
0,2 l Gemüsebrühe (siehe Küchenlexikon)
0,1 l trockener Weißwein
0,2 l süße Sahne
70 g Butter
20 g Krebsbutter
Salz, Pfeffer

1. Die unteren, weißen Spargelenden großzügig abschneiden, wenn nötig, schälen.
2. Die Möhren schälen und in Form schnitzen; die kleinen grünen Enden stehenlassen. In kaltem Wasser säubern.
3. Sellerie und Gurke schälen, die Gurke halbieren und die Kerne mit einem Löffel herausschaben. Beides in dünne Stifte schneiden.
4. Das Gemüse sortenweise in leicht gesalzenem Wasser knackig garen; Spargel und Möhren ca. 8 Minuten, Sellerie- und Gurkenstifte ca. 6 Minuten, Erbsen ca. 5 Minuten. Abschrekken und abtropfen lassen.
5. Die Morcheln drei- bis viermal waschen. Dann in leicht gesalzenem Wasser ca. 5 Minuten kochen. Abtropfen lassen.
6. Die Krebse in einem kochenden Sud aus Wasser mit Kümmel, Dill und 1 TL Salz 2 Minuten garen. Herausheben und abtropfen lassen.

...und Morcheln

7. Die Gemüsebrühe und den Weißwein in einem Topf aufkochen. Bis auf eine Menge von 6 EL einkochen lassen.

8. Die Sahne zugießen und alles auf etwa die Hälfte einkochen lassen.

9. Die Soßenmenge halbieren. Eine Hälfte mit 20 g Butterflöckchen in einen Mixer geben und etwa 20 Sekunden mixen.

10. Die andere Hälfte der Soße mit der Krebsbutter aufmixen.

11. Das Gemüse sortenweise in der übrigen Butter unter ständigem Hin- und Herschwenken erhitzen. Leicht salzen und pfeffern.

12. Alles auf vorgewärmten Tellern anrichten und beide Soßen angießen.

Hähnchen mit Paprikapüree

1 Hähnchen (ca. 1 kg)
Edelsüß–Paprika
je 1 rote und gelbe Paprikaschote
2 EL Öl
2 kleine Schalotten
2 EL trockener Wermut
0,2 l Geflügelbrühe (siehe Küchenlexikon)
0,2 l süße Sahne
etwas Zitronensaft
Salz, Pfeffer

Für das Gemüse:

1 Zucchini (ca. 200 g)
1 kleine Aubergine (ca. 200 g)
je 1 rote und gelbe Paprikaschote (ca. 300 g)
50 g Butter
Salz, Pfeffer

1. Das Hähnchen ohne Innereien gründlich unter fließendem, kalten Wasser waschen. Mit Küchenpapier trockentupfen.
2. Von innen und außen mit Paprikapulver einreiben, leicht salzen und pfeffern.
3. Auf einem Bratrost über der Fettfangschale bei 200 Grad im vorgeheizten Backofen etwa 30 Minuten braten.
4. In der Zwischenzeit je 1 rote und gelbe Paprikaschote halbieren, die Kerne herauslösen und die verbliebenen Kerne unter fließendem, kalten Wasser herausspülen.
5. Das Öl in einer Pfanne erhitzen.
6. Die Paprikahälften mit der Hautseite nach unten in das heiße Öl legen und anbraten, bis sich Bläschen bilden. Herausnehmen und abkühlen lassen.
7. Die Haut von den abgekühlten Paprikaschoten abziehen. Das Fruchtfleisch farblich getrennt im Mixer oder mit einem Pürierstab pürieren.
8. Die Paprikapürees durch ein feines Sieb streichen.
9. Die geschälten Schalotten fein würfeln.

und Gemüsestiften

10. Schalottenwürfel, Wermut und Geflügelbrühe in einen flachen, breiten Topf geben. Aufkochen und bis auf etwa 4 EL einkochen lassen.
11. Die Sahne zugießen und auf die Hälfte der Menge einkochen lassen.
12. Die eingekochte Flüssigkeit halbieren und jeweils mit einem Paprikapüree mischen.
13. Mit etwas Salz, Pfeffer und Zitronensaft durchmixen und abschmekken. In je einen kleinen Topf geben.
14. Geputzte Zucchini, Aubergine und Paprikaschoten in bleistiftdicke Streifen schneiden.
15. In heißer Butter etwa 2–3 Minuten in einer Pfanne unter ständigem Hin- und Herschwenken dünsten.
16. Mit wenig Salz und Pfeffer abschmecken.
17. Das Hähnchen aus dem Backofen nehmen, zerlegen und das Geflügelfleisch auf vorgewärmte Teller plazieren.
18. Die Paprikasoßen unter ständigem Rühren erwärmen; mit den Gemüsestiften und dem Geflügelfleisch anrichten.

Quarkpudding mit Rosiner

100 g Butter
Saft von ½ Zitrone
1 unbehandelte Zitrone
1 unbehandelte Orange
40 g Zucker
3 Eigelb
2 cl Kirschlikör
40 g Marzipanrohmasse
400 g Speisequark
50 g Weißbrotbrösel
1 EL Mehl
150 g Rosinen

Für die Soße:

500 g Zwetschgen
150 g Zucker
1 Stange Zimt
¼ l badischer Traminer

1. Butter, Zitronensaft, abgeriebene Zitronen- und Orangenschale und Zucker so lange schaumig rühren, bis der Zukker völlig aufgelöst ist.
2. In einer zweiten Schüssel Eigelb, Kirschlikör, zerkrümeltes Marzipan und Quark zu einer geschmeidigen Masse verrühren.
3. Zur Buttermasse geben. Die Weißbrotbrösel und die gemehlten Rosinen ebenfalls zugeben.
4. Alles miteinander vermischen und etwa 30 Minuten ruhen lassen.
5. Vier Portionsförmchen ausbuttern und die Quarkmasse hineinfüllen.
6. In einen hitzebeständigen Topf stellen und so viel Wasser einfüllen, daß die Förmchen zur Hälfte im Wasser stehen. Auf der Kochplatte erhitzen.
7. Dann im vorgeheizten Backofen bei ca. 190 Grad im Wasserbad ca. 30–35 Minuten garen.
8. Die gesäuberten Zwetschgen mit Zucker, Zimt und Wein in einem Topf aufkochen.

ınd Zwetschgensoße

9. Zugedeckt bei geringer Hitze etwa 20–30 Minuten weich kochen.
10. In ein Sieb schütten und durchstreichen, so daß Haut und Kerne der Zwetschgen zurückbleiben. Tip: Falls die Soße etwas zu dünn ist, kann man sie noch ein wenig einkochen lassen.

11. Den Pudding aus dem Backofen nehmen und etwa 5–10 Minuten ruhen lassen. Zum Servieren auf vorgewärmte Teller stürzen.

12. Eventuell für die Garnitur 8 Zwetschgen 1 Minute in der Soße ziehen lassen. Den Pudding mit der Soße, den Zwetschgen und mit Zimtstangen anrichten.

Spargel auf roter Soße

24 Stangen weißer Spargel (mittelstark, »Extra«)
2½ l Wasser
1 EL Butter
½ EL Zucker
1 TL Salz
etwas Petersilie

Für die Soße:

0,4 l Kochwasser vom Spargel
4 TL feingeschnittene Schalotten
0,4 l Rotwein (Affentaler Spätburgunder)
120 g kalte Butter
weißer Pfeffer

1. Den Spargel vom Kopf aus zum Ende hin schälen. Spargelenden abschneiden, so daß alle Stangen gleich lang sind.
2. Wasser, Butter, Zucker und Salz in einem Topf aufkochen. Die Spargelstangen hineingeben und ca. 10 Minuten köcheln lassen. Garprobe: Eine Spargelstange herausnehmen, unterhalb des Kopfes mit Daumen und Zeigefinger drücken. Der Spargel soll leicht nachgeben, aber nicht zu weich sein.
3. Den Spargel herausnehmen und auf einer Platte warm stellen.
4. Das abgemessene Spargelkochwasser mit den Schalotten in einem Topf aufkochen. Auf die Hälfte einkochen lassen.
5. Den Rotwein dazugießen und alles so lange einkochen lassen, bis die gesamte Flüssigkeit noch etwa 0,3 l beträgt.
6. Den Topf von der Kochstelle nehmen und die kalte Butter nach und nach in kleinen Flocken mit einem Schneebesen unter die Soße schlagen.
7. Die Soße mit frisch gemahlenem Pfeffer abschmecken und auf vier vorgewärmte Teller verteilen. Den Spargel darauflegen und mit etwas Petersilie garnieren.

Geschmorte Schweinshaxenroulade

1 kleine gepökelte Schweinshaxe
2 TL Öl
125 g Röstgemüse (siehe Küchenlexikon)
2 gewürfelte Tomaten
0,4 l brauner Fond (siehe Küchenlexikon)
0,2 l guter, trockener Rotwein
125 g Schweinehackfleisch
40 g gewürfelte Gänseleber
40 g gewürfelte, frische Trüffeln
1 Ei
1 EL gehackte Petersilie
8 Schnitzel; aus dem Schweinenacken geschnitten (beim Einkauf flachklopfen lassen)
Salz, Pfeffer

1. Die Schweinshaxe in 1 TL heißem Öl in einem Bräter von allen Seiten anbraten.
2. Das Röstgemüse und die Tomaten dazugeben und den Fond sowie den Rotwein angießen.
3. Im vorgeheizten Backofen bei 200 Grad etwa 1½ Stunden schmoren.
4. Herausnehmen, das Fleisch vom Knochen lösen und das Fett von der Schwarte entfernen.
5. Fleisch und Schwarte auskühlen lassen, dann fein würfeln.
6. Die Schmorflüssigkeit durch ein feines Sieb gießen. Sichtbares Fett von der Soße abschöpfen, den Rest mit Küchenpapier absaugen. Falls die Soße zu dick ist, kann man sie mit Rotwein verdünnen.
7. Das Schweinehackfleisch in eine Schüssel geben. Gänseleber, Trüffeln, Ei und Petersilie zufügen. Alles miteinander mischen, mit Salz und frisch gemahlenem Pfeffer abschmecken.
8. Dann die gewürfelte Schweinshaxe unter die Masse heben.
9. Diese Füllung auf die Schnitzel streichen, zu Rouladen aufrollen und mit Holzstäbchen feststecken.
10. Die Rouladen in 1 TL Öl rundherum anbraten, die Soße aufgießen und alles zugedeckt bei geringer Hitze ca. 45 Minuten schmoren lassen.
11. Die Rouladen aus der Soße nehmen, abtropfen lassen und die Holzspießchen entfernen.
12. Die Rouladen auf vorgewärmten Tellern anrichten und mit der Soße überziehen. Als Beilage Röstkartoffeln und Wirsinggemüse servieren.

ECKART WITZIGMANN

Wenn die Frage nach dem derzeit berühmtesten Koch der Welt gestellt wird, dann rangiert sein Name gleich hinter dem des Franzosen Paul Bocuse: Eckart Witzigmann. Viele seiner Kollegen halten ihn in Fragen des Handwerks und der Kreativität sogar für den Besten. Wenn das Bocuse-Kochbuch »Die Neue Küche« so etwas wie das Alte Testament der Neuen Küche ist, dann sind Witzigmanns Rezeptveröffentlichungen so etwas wie kulinarische Offenbarungen. Er gilt als der Meister.

Der aus Badgastein stammende Witzigmann hat ganz oben auf der Stufenleiter seines Fachs Platz genommen. Seine immense Begabung, das feine Gefühl, der alles überragende Geschmack halfen ihm auf dem Weg dorthin. Sein Vater arbeitete als Schneider. Von ihm erbte der Koch das Maß: Im Leben nichts zu überdrehen. Kreativität und Originalität haben Eckart Witzigmann noch nie dazu verführt, seine Bodenständigkeit aufzugeben. In Deutschland und Österreich ist er erklärtes Vorbild und Lehrmeister einer ganzen Köche-Generation. Schätzungsweise ein Drittel aller deutschen Spitzenköche ist im Laufe der Jahre durch seine Schule gegangen – in dem Münchner Restaurant »Tantris«, das heute Heinz Winkler führt, und in seinem »Aubergine«.

Wer in den Genuß eines Witzigmann-Menüs kommen will, muß sich rechtzeitig anmelden, denn das »Aubergine« hat nur 40 Plätze, und die sind fast ständig ausgebucht. Die Menüs – mittags fünf, abends neun Gänge – wechseln täglich. Wer lieber à la carte essen will, kann's probieren. Aber wahrscheinlich wird er sich damit um die letzte Vollendung seiner Tafelfreuden bringen: Die Komposition des Menüs durch den Meister! Im Erfinden neuer Rezepte und dem Verfeinern gängiger Gerichte ist Witzigmann ohne Frage der wichtigste Koch der zweiten Jahrhunderthälfte. Dabei ist er nach einem Kritikerurteil der »Hamlet am Herd«, bescheiden, kollegial, eher zögernd als auftrumpfend.

Als er 1971 in München das Restaurant »Tantris« übernahm, war Deutschland noch eine kulinarische Einöde. Das hat sich vor allem unter dem Eindruck seines Erfolges gründlich geändert. Von Witzigmann stammen große Kreationen wie das »Kalbsbries Rumohr«, das er dem berühmtesten deutschen Gastrosophen des 19. Jahrhunderts gewidmet hat. Doch während viele auf diesen Zug der Luxusküche aufsprangen und aus der eigentlich vernünftigen und längst überfälligen Küchenreform eine Modetorheit machten, propagierte Witzigmann als einer der ersten eine neue deutsche Regionalküche.

Rahmsuppe von Frühlingszwiebeln und Tomaten

50 g geputzte Frühlingszwiebeln (nur das Weiße)
50 g abgezogene, entkernte Tomaten
5 geputzte Champignons
1 Scheibe Toastbrot
60 g Butter
4 cl trockener Sekt
1/4 l Geflügelbrühe (siehe Küchenlexikon)
4 cl süße Sahne
2 EL geschlagene Sahne
1 Prise Zucker
Salz, weißer Pfeffer

1. Die gesäuberten Frühlingszwiebeln in feine Scheiben, die Tomaten in kleine Würfel schneiden.
2. Einen Champignon in Scheiben schneiden.
3. Das Toastbrot entrinden und fein würfeln. 20 g Butter würfeln und kalt stellen.
4. Die Zwiebelscheiben in 20 g zerlassener Butter andünsten; nicht bräunen!
5. Mit dem Sekt ablöschen, die Champignonscheiben dazugeben.
6. Die Geflügelbrühe aufgießen und alles mit Salz sowie frisch gemahlenem Pfeffer würzen.
7. Bei geringer Hitze 10 Minuten kochen.

8. Die Tomatenwürfel in 10 g zerlassener Butter andünsten, mit je einer Prise Zucker und Salz würzen.
9. So lange dünsten, bis die entstandene Flüssigkeit verdampft ist, dann in die Suppe geben.
10. Die Suppe mit einem Pürierstab oder in einem Mixer pürieren, die Sahne sowie die kalten Butterwürfel zufügen und untermixen; abschmecken.
11. Die Toastbrotwürfel in der übrigen Butter in einer Pfanne knusprig braun rösten. Sie werden zum Schluß über die Suppe gestreut.
12. Die Suppe unter Rühren in einem Topf erhitzen, aber nicht kochen.
13. Die geschlagene Sahne unterheben und die Suppe in vorgewärmte Teller oder Suppentassen füllen.
14. Mit je einem in Scheiben geschnittenen rohen Champignon und den gerösteten Toastbrotwürfeln anrichten.

Spanferkelschulter auf Weißkraut mit böhmischen Knödeln

800 g Spanferkelschulter oder 2 kleine Schultern
einige kleingehackte Knochen
1 EL Schweineschmalz
50 g Selleriewürfel
50 g grob zerteilte Zwiebeln
1 gewürfelte Möhre
2 EL weiche Butter
1 TL gehackter Kümmel
1 zerdrückte kleine Knoblauchzehe
0,1 l trockener Sekt oder Fleischbrühe (siehe Küchenlexikon)
Salz, Pfeffer

Für das Weißkraut:
5 Stück Würfelzucker
0,1 l Wasser
2 cl Weißweinessig
2 EL Schweineschmalz
280 g in Scheiben geschnittene Zwiebeln
1 gehackte Knoblauchzehe
400 g in Streifen geschnittener Weißkohl
0,1 l trockener Weißwein
etwas fette Geflügelbrühe (siehe Küchenlexikon)
Salz, Pfeffer

1. Die Spanferkelschulter von allen Seiten mit Salz und Pfeffer würzen.
2. Die Knochen in einem Bräter verteilen. Die Schulter mit der Schwartenseite nach unten auf die Knochen legen.
3. Das Schweineschmalz zerlassen, über das Fleisch träufeln und etwas Wasser angießen.
4. Im vorgeheizten Backofen bei 220 Grad ca. $1/2$ Stunde anbraten. Die Schulter umdrehen und in die Schwarte Linien einritzen, die sich diagonal kreuzen. Das Gemüse

dazugeben und alles ½ Stunde weiterbraten.

5. Den Würfelzucker und das Wasser in einen Topf geben, etwas einkochen und goldbraun karamelisieren lassen.

6. Mit dem Essig ablöschen und das Schweineschmalz dazugeben.

7. Die Zwiebelscheiben in den Topf schütten und hellbraun andünsten.

8. Dann den gehackten Knoblauch sowie die Weißkohlstreifen dazugeben und unterrühren. Den Weißwein und etwas fette Geflügelbrühe aufgießen. Mit Salz und frischgemahlenem Pfeffer würzen und zugedeckt ca. 40 Minuten garen.

9. Die weiche Butter mit dem Kümmel und der zerdrückten Knoblauchzehe vermischen. Die Spanferkelschulter etwa 10–15 Minuten vor dem Bratzeitende damit bestreichen und weiterschmoren.

10. Den Bratensatz im Bräter mit dem Sekt oder der Brühe ablöschen. Das Fleisch herausnehmen und warm stellen.

11. Die Bratensoße kurz durchkochen; durch ein feines Sieb gießen. Die Soße entfetten (siehe Küchenlexikon) und abschmecken.

12. Die Spanferkelschulter in Scheiben schneiden, mit dem Weißkraut auf vorgewärmten Tellern anrichten und die Soße dazu reichen. Als Beilage böhmische Knödel (siehe Zusatzrezepte) servieren.

Grießflammeri mit Backpflaumen und Birnen

1½ Blatt weiße Gelatine
¼ l Vollmilch
40 g Grieß
abgeriebene Schale von je einer unbehandelten Orange und Zitrone
4 cl Orangenlikör
¼ l süße Sahne
50 g Zucker
etwas Butter
1 Prise Salz

Für die Birnen:

¼ l Wasser
½ Vanillestange
½ Stange Zimt
Saft von ½ Zitrone
40 g Zucker
2 Williams Christbirnen
ca. 1 EL Speisestärke
1 cl Williams Christbirnenschnaps

Für die Backpflaumen: (am Vortag zubereiten)

0,35 l Rotwein
100 g Zucker
½ Vanillestange
½ Stange Zimt
2 Scheiben von einer unbehandelten Orange
1 Scheibe von einer unbehandelten Zitrone
ca. 1 EL Speisestärke
12 Backpflaumen

1. Die Gelatine in kaltem Wasser einweichen.
2. Die Milch und 1 Prise Salz in einen Topf geben und aufkochen lassen.
3. Den Grieß in die Milch streuen und alles bei geringer Hitze ca. 4 Minuten durchkochen lassen.
4. In eine Schüssel geben und die gut ausgedrückte Gelatine in der heißen Masse auflösen.

5. Alles abkühlen lassen, Orangen- und Zitronenschale unterrühren und die Masse mit Orangenlikör abschmecken.
6. Die Sahne steif schlagen, dabei den Zucker einrieseln lassen.
7. Die Schlagsahne unter den Flammeri heben und die Masse in leicht gebutterte Portionsförmchen füllen. Kühl stellen.
8. Wasser, Vanille, Zimt, Zitronensaft und Zucker aufkochen lassen.
9. Die Birnen schälen, vierteln, entkernen und in Spalten schneiden.
10. In den vorbereiteten Fond geben, 1–2 Minuten darin ziehen lassen.
11. Die Birnen herausnehmen und die Flüssigkeit mit der angerührten Speisestärke binden. Mit dem Birnenschnaps abschmecken und die Birnen wieder zugeben.
12. Rotwein, Zucker, Vanille, Zimt, Orange und Zitrone aufkochen lassen.
13. Mit der angerührten Speisestärke binden und die heiße Soße durch ein Sieb über die Backpflaumen in eine Schüssel gießen. Über Nacht durchziehen lassen.
14. Den Grießflammeri zum Servieren stürzen und mit den Birnen sowie den Backpflaumen anrichten.

Böhmische Knödel

Für 8 Personen:

¼ l Vollmilch
500 g doppelgriffiges Mehl
1 Würfel Hefe (42 g)
20 g Zucker
2 Eier
200 g geröstete Weißbrotwürfel ohne Rinde
50 g Butter
20 g Salz

1. Die Milch lauwarm erhitzen. 0,1 l davon mit 100 g Mehl, zerbröckelter Hefe und Zucker verrühren und aufgehen lassen.
2. Das übrige Mehl mit den Eiern, der restlichen Milch und dem Salz in eine Schüssel geben.
3. Die aufgegangene Hefemasse dazugeben und alles zu einem Teig verkneten.
4. Den Teig so lange kneten, bis er Bläschen bildet. Dann mit einem Tuch abgedeckt an einem warmen Ort ca. 20–30 Minuten aufgehen lassen.
5. Die Weißbrotwürfel unter den aufgegangenen Teig kneten und alles kräftig durchwalken.
6. Den Teig dritteln und drei Walzen daraus formen. Nochmals leicht gehen lassen.
7. Die Teigwalzen auf je ein Stück Aluminiumfolie setzen, darin einrollen und die Folienenden gut verschließen.
8. In reichlich kochendes Salzwasser legen und ca. 15 Minuten darin gar ziehen lassen.
9. Herausnehmen, abtropfen lassen und aus der Folie wickeln. Die Knödelwalzen in Scheiben schneiden.
10. Die Knödelscheiben in heißer Butter schwenken und sofort servieren.

Kalbsleber mit Johannisbeersoße

4 Scheiben Kalbsleber
etwas Mehl
2 EL Olivenöl
1 EL Butter
Salz, Pfeffer

Für die Soße:

150 g verlesene schwarze Johannisbeeren
1 EL Essig
4 cl süße Sahne
30 g kalte Butter
½ TL Senf
1 EL schwarzer Johannisbeerlikör
Salz, Pfeffer

1. Dreiviertel der Johannisbeeren durch ein feines Sieb streichen, den Rest beiseite stellen.
2. Die Kalbsleberscheiben in Mehl wenden.
3. Das Olivenöl in einer Pfanne erhitzen und die Butter dazugeben.
4. Die Kalbsleberscheiben darin von jeder Seite ca.1 Minute braten (sie sollen von innen noch rosa sein).
5. Herausnehmen, mit Salz und frisch gemahlenem Pfeffer würzen und warm stellen.
6. Den Essig in das Bratfett der Leber geben und verdampfen lassen.
7. Die durch das Sieb gestrichenen Johannisbeeren dazugießen.
8. Wenn die Flüssigkeit fast eingekocht ist, die Sahne zufügen, dickflüssig einkochen lassen und dann Butter, Senf sowie Johannisbeerlikör unter die Soße rühren. Die beiseite gestellten Johannisbeeren dazugeben.
9. Kräftig mit Salz und frisch gemahlenem Pfeffer abschmecken.
10. Die Kalbsleber auf vorgewärmten Tellern anrichten und die Johannisbeersoße angießen.

Kleines Lexikon zur Neuen Deutschen Küche

Alphabetisch geordnet finden Sie hier ein Glossar von Begriffen, deren Kenntnis im Rezeptteil dieses Buches weitgehend vorausgesetzt wird.

Aachener Printengewürz
wird von den Konditoren nach geheimgehaltenen Rezepturen individuell hergestellt. Die Würzmischung besteht größtenteils aus Zimt, Piment, Kardamom, Anissamen, Sternanis und Gewürznelken. Man kann jedoch auch fertige Printengewürzmischungen kaufen.

Abbrennen,
einen Teig, z. B. Brandteig, in einem Topf bei mittlerer Hitze so lange mit einem Kochlöffel bearbeiten, bis sich ein glatter Kloß und auf dem Topfboden ein weißer Belag gebildet hat.

Ablöschen,
das Lösen von Röststoffen, die beim Braten entstehen, durch Wasser, Brühe, Fond oder Sahne, um daraus eine Soße zuzubereiten. Tip: Das Bratfett vor dem Ablöschen abgießen. Es enthält Bitterstoffe und ist schwer verdaulich.

Apfelkompott
Eine Stange Zimt, 150 g Zucker und 0,2 l Wasser miteinander aufkochen. 500 g Äpfel schälen, vierteln, entkernen und in Spalten schneiden. Die Apfelspalten etwa fünf Minuten in dem heißen Zuckersirup köcheln lassen. Dann in ein Sieb gießen und den Saft auffangen. Apfelschalen und Kerngehäuse ebenfalls ca. 5 Minuten in dem Saft kochen. Die Apfelspalten in eine Schüssel geben und den durch die Kerngehäuse und Schalen sehr aromatisch gewordenen Saft durch ein feines Sieb darübergießen.

Aprikosensoße,
die zur Schokoladenpastete serviert wird: ein halbes Glas Aprikosenkonfitüre mit einem Achtelliter Aprikosensaft verrühren, kurz aufkochen lassen und mit Aprikosenlikör sowie einem Spritzer Weinbrand abschmecken.

Basilikum,
süßlich pfeffriges Küchenkraut aus Südeuropa. Die zartgrünen Blättchen duften sehr aromatisch. Basilikum harmoniert ganz ausgezeichnet mit frischen Tomaten und ist das ideale Gewürz zu Tomatensoße, Nudel- und Geflügelgerichten.

Bayerische Creme,
auch Crème bavaroise oder Bavarois genannt. Das Grundrezept: Eine Vanillestange der Länge nach aufschneiden, das Mark herausschaben und beides in einem halben Liter Vollmilch aufkochen. Vier Eigelb und 100 g Zucker schaumig schlagen. Die Vanillestange aus der Milch nehmen und die heiße Vanillemilch unter ständigem Rühren zur EigelbZuckerMasse geben. Alles in den Topf zurückgießen, unter ständigem Rühren so lange erhitzen, bis sich eine Rose abziehen läßt (siehe dort). Nicht kochen, sonst gerinnt das Ei! Fünf Blatt eingeweichte, ausgedrückte weiße Gelatine in der heißen Masse auflösen. Die Creme durch ein feines Sieb gießen und unter Rühren abkühlen. Wenn die Creme zu gelieren beginnt, einen halben Liter steif geschlagene Sahne unterheben.

Beifuß,
auch Gänse- oder Johanniskraut, dient vorwiegend zum Würzen fetter Speisen wie Aal, Schmalz, Schweine- oder Gänse-

braten und von Gerichten mit Speck oder Schinken. Beifuß ist frisch und getrocknet im Handel.

Biskuit,
sehr leichte Tortenmasse. Das Grundrezept für einen Biskuitboden mit 22 cm Durchmesser: Sechs Eigelb und 175 g Zucker in einem heißen Wasserbad (siehe dort) zu einer dikken Creme aufschlagen. Herausnehmen und 150 g Mehl darübersieben. 90 g lauwarme flüssige Butter dazugießen und ein Drittel von sechs steif geschlagenen Eiweiß zufügen. Alles vorsichtig miteinander mischen und den übrigen Eischnee unterheben. Den luftigen Teig in eine gebutterte, mit Mehl ausgepuderte Springform geben, glattstreichen und im vorgeheizten Backofen bei 180 Grad etwa 35 Minuten backen. Herausnehmen, ein Kuchengitter auf den noch warmen Biskuit legen und den Kuchen stürzen. Die Backform entfernen und den Biskuit vor dem Aufschneiden etwa 60 Minuten auskühlen lassen. Für Biskuitbrösel, die beim gebackenen Lindenhonigeis benötigt werden, den aufgeschnittenen, leicht trockenen Biskuit zerbröseln.

Bohnenkraut,
auch Pfefferkraut, wird seit Jahrhunderten als Würze zu deftigen Gerichten gegeben. Der pfeffrige, würzkräftige Geschmack der Bohnenkrautblätter wird in Bohnen-, Sauerkraut-, Eintopfgerichten und beim Hammelbraten sehr geschätzt.

Borretsch,
wegen des intensiven Duftes und Gurkengeschmacks auch Gurkenkraut genannt. Die jungen Blätter werden feingeschnitten und zum Würzen von Suppen, Kohlgerichten, Blatt- und Gurkensalaten verwendet.

Braune Butter,
auch Nußbutter genannt. Es handelt sich dabei um geklärte Butter (siehe dort), die durch längeres Erhitzen eine hellbraune Farbe und einen leicht nußartigen Geschmack angenommen hat. Vor der Verwendung gießt man die braune Butter durch ein feines Sieb.

Brauner Fond,
siehe Fond.

Bries,
Thymusdrüse junger Tiere, die sich später zurückbildet. In der feinen Küche wird in erster Linie das delikate Kalbsbries verwendet. Bries muß vor der Zubereitung gehäutet und gut gewässert werden, damit es eine weiße Farbe bekommt. Dann wird es in kochendes Wasser gegeben und muß etwa zwei Minuten ziehen. Anschließend wird es in kaltem Wasser abgekühlt und in die natürlichen Segmente zerzupft. Kalbsbries kann kurz in heißer Butter geschwenkt oder als feine Zutat für Füllungen verwendet werden. Lammbries wird auf die gleiche Weise zubereitet.

Brokkoli,
auch Spargelkohl; grüner Verwandter des Blumenkohls und eine der Vitamin-C-reichsten Gemüsesorten. Sein Name kommt aus dem Italienischen: »brocco« = Sprößling. Die dunkelgrünen, fast bläulich schimmernden Blütenröschen sitzen auf lokker verzweigten Stielen. Sind die Blüten gelblich, ist der Brokkoli nicht mehr frisch und blüht schon. Dadurch wird der zarte Geschmack beeinträchtigt.

Brunnenkresse,
dunkelgrünes Kraut, das wild an flachen Bächen und in alten Brunnen wächst. Die saftigen Blätter haben einen bitterscharfen, pikanten Geschmack. Brunnenkresse ist nicht identisch mit Gartenkresse (siehe Kresse).

Buchteln,
ein aus Böhmen stammendes Gebäck, das aus süßem Hefeteig hergestellt wird.

Buchweizen,
auch Heidekorn genannt, weil diese Getreideart auch auf ärmsten Heideböden wächst. Buchweizen wird unter anderem als Mehl für Buchweizenkuchen (Spezialität in der Lüneburger Heide) und für Nudeln verwendet.

Entfetten
Fachausdruck für die Verfeinerung von Suppen,

Fleischbrühe (siehe dort) und Soßen durch Entfernen des mitgekochten Fettes. Methode Nr. 1: Küchenpapier oder Papierserviette über die Oberfläche der heißen Brühe oder Soße ziehen. Methode Nr. 2: Flüssigkeit erkalten lassen, die nun entstandene Fettschicht mit einer Schaumkelle abheben.

Estragon,
süßsäuerliches, mild herbes Würzkraut mit dem Soßen, Suppen, Kalbfleisch, Fisch, Spargel und Salate aromatisiert werden.

Fenchel,
auch Knollen- oder Gemüsefenchel. Läßt sich roh für Salate, gekocht als Gemüse verwenden. Fenchel schmeckt süßlich herzhaft. Getrockneter Fenchelsamen kann auch als Gewürz verwendet werden.

Fischbrühe
wird aus den Gräten der für das jeweilige Gericht verwendeten Fische hergestellt. Sie werden mit Lauch, Zwiebeln, Petersilienwurzeln oder -stielen, Lorbeer, Thymian und Knoblauch angedünstet, dann mit Weißwein abgelöscht und mit Wasser aufgefüllt. Nach dem Aufkochen mit Salz und Zitronensaft abschmecken und im offenen Topf bei geringer Hitze 20 bis 30 Minuten köcheln lassen. Der dabei aufsteigende Schaum wird mehrmals abgeschöpft. Zum Schluß gießt man die Brühe durch ein sauberes Tuch.

Fischfond,
siehe Fischbrühe.

Fischfüllung
für das Rezept »Hamburger Aalsülze«: 150 g Zanderfilet in kleine Streifen schneiden und fein würfeln. Etwa 15 Minuten kühl stellen. Mit einem Pürierstab oder in einem Mixer mit 150 g süßer Sahne, einer Messerspitze Safran, ein bis zwei Tropfen Anisschnaps, einer Prise Salz und frisch gemahlenem weißen Pfeffer zu einer feinen, glänzenden Masse verarbeiten. Durch ein feines Sieb streichen und vor der Weiterverwendung nochmals etwa zehn Minuten in den Kühlschrank stellen.

Flambieren,
auch: Abflämmen; mit hochprozentigem Alkohol übergießen und entzünden. Dazu eignet sich vor allem Weinbrand, aber auch Obstwasser.

Flammeri,
eine meistens gestürzte Süßspeise, die aus Grieß, Reis oder Sago mit Milch, Saft oder Wein zubereitet und kalt gegessen wird. Mit Eigelb oder Eischnee kann der Flammeri noch aufgelockert werden.

Fleischbrühe
wird zubereitet aus eineinhalb Liter Wasser, je 250 g Rindfleisch und Rinderknochen, Möhren, Lauch, Sellerieknolle, einer halbierten, an der Schnittfläche braun angerösteten Zwiebel, etwas Petersilienwurzel oder -stielen sowie einer Knoblauchzehe. Die Rinderknochen werden für eine Minute in kochendes Wasser gegeben, abgegossen, zusammen mit dem Rindfleisch in kaltem Wasser aufgesetzt und zum Kochen gebracht. Der aufsteigende Schaum wird abgeschöpft. Mit etwas Salz würzen und alles zweieinhalb bis drei Stunden köcheln lassen. Dann das Fleisch herausheben und das Gemüse sowie die Gewürzzutaten in der Brühe eine Stunde weiterköcheln lassen. Zum Schluß die Brühe durch ein sauberes Tuch gießen.

Fond
wird für die Zubereitung von Soßen benötigt. Die drei wichtigsten Grundfonds sind der braune Fond sowie der helle und der dunkle Kalbsfond. Alle werden im offenen Topf gekocht, damit sich der Geschmack durch das Verdampfen von Flüssigkeit intensiviert. Für den braunen Fond gehackte Kalbsknochen und -abschnitte (bzw. Lammknochen und -abschnitte für Lammfond), überbrühte Schwarten von Speck und Kochschinkenreste in etwas Öl anbraten. Dann wird Röstgemüse (siehe dort) dazugegeben und mitgebraten. Das überschüssige Fett abgießen und alles mit Wasser ablöschen. Die Flüssigkeit einkochen lassen, erneut Wasser angießen und diesen Vorgang so oft wieder-

holen, bis alles glänzt. Nun kaltes Wasser aufgießen, die Flüssigkeit aufkochen lassen und den dabei aufsteigenden Schaum und das oben schwimmende Fett abschöpfen. Etwas Salz zugeben und die Flüssigkeit vier Stunden im offenen Topf köcheln lassen. Dann einen Gewürzbeutel (Knoblauchzehe, Thymianzweig, Lorbeerblatt, Petersilienstiele oder -wurzel) dazugeben und alles eine weitere Stunde köcheln lassen. Zum Schluß wird der Fond durch ein sauberes Tuch gegossen. Für den hellen Kalbsfond werden die Kalbsknochen und -abschnitte für eine Minute in kochendes Salzwasser gegeben, dann unter kaltem Wasser abgespült und mit kaltem Wasser aufgesetzt; während des Aufkochens wird der Schaum mehrmals abgeschöpft. Alles zweieinhalb bis drei Stunden im offenen Topf köcheln lassen, nach dieser Zeit Möhren, Sellerie, Zwiebel, Lorbeerblatt, Gewürznelken, Thymianzweig, Knoblauchzehe, Lauch, Weißwein sowie etwas Salz hinzufügen und den Fond eine Stunde weiterkochen. Der Milchlammfond kann genauso hergestellt werden. Ein heller Geflügelfond wird auf die gleiche Art zubereitet, jedoch mit Kalbsknochen, Geflügelklein und einem Suppenhuhn. Den dunklen Kalbsfond wie den braunen Fond zubereiten, allerdings mit Brühe ablöschen und später braunen Fond und Wasser aufgießen, Tomatenmark, Thymian und Lorbeer hinzufügen. Die Kochdauer beträgt vier Stunden. Den dunklen Geflügelfond wie einen dunklen Kalbsfond zubereiten. Ein Wildfond wird mit Wildknochen und -abschnitten, Wacholderbeeren, Röstgemüse, Wein und Wildbrühe auf die gleiche Art wie der braune Fond hergestellt.

Der Bratenfond wird aus dem Saft, der beim Braten von Fleisch entsteht, gewonnen. Dieser wird mit eingekochter Fleischbrühe abgelöscht. Fischfond siehe Fischbrühe.

Geflügelbrühe,
siehe Fond.

Geflügelfond
siehe Fond.

Geklärte Butter
wird für das Braten bei hohen Temperaturen benötigt. Die Butter zerlassen und so lange erhitzen, bis das Wasser verdampft ist. Die flüssige Butter durch ein Tuch gießen, in dem die Eiweißstoffe zurückbleiben, und die geklärte Butter in einem Gefäß auffangen. Anstelle von geklärter Butter kann auch Butterschmalz verwendet werden.

Gekochter Kalbskopf
wird für das Rezept »Wiesbadener Knödel« benötigt: das ausgelöste Fleisch vom Kalbskopf rechtzeitig beim Metzger bestellen. Das Fleisch mit kaltem Wasser aufsetzen, aufkochen lassen und den dabei aufsteigenden Schaum abschöpfen. Kleingewürfeltes Gemüse (Sellerie, Petersilienwurzel, Lauch), Lorbeerblatt, Thymian und einige Petersilienstiele zugeben und alles bei geringer Hitze etwa eine Stunde köcheln lassen.

Gemüsebrühe,
ein gesäubertes, in grobe Stücke geschnittenes Bund Suppengemüse sowie eine fein gewürfelte Schalotte werden in einem Viertelliter Wasser aufgekocht und etwa 25 Minuten bei geringer Hitze gegart. Anschließend wird die Brühe durch ein feines Sieb gegossen.

Grüne Soße,
auch Frankfurter grüne Soße, eigentlich eine Art Kräuter-Mayonnaise, gilt als erklärtes Lieblingsgericht Goethes. Es gibt dafür verschiedene Rezepte. Das gängigste nennt neun Kräuter als notwendige Zutaten, nämlich Sauerampfer, Schnittlauch, Kresse, Petersilie, Borretsch, Kerbel, Pimpernell, Liebstöckel und Dill.

Grünkern,
in halbreifem Zustand geerntetes, vorsichtig gedörrtes Korn des Dinkels. Die Dinkelpflanze ist eng mit dem Weizen verwandt und wird in erster Linie in Süddeutschland angebaut. Erhältlich als ganze oder geschrotete Körner, als Grütze, Mehl und in Form

von Grieß. Grünkern gibt als Mehl oder Grütze Suppen und Soßen eine grünlich-gelbe Farbe und einen angenehm würzigen Geschmack. Tip: Grünkern bekommt man am besten in Reformhäusern, Reformwarenabteilungen der Kaufhäuser und Bioläden.

Heidschnucken,
kleine Schafsrasse, die in der Lüneburger Heide zu Hause ist. Das Fleisch schmeckt sehr würzig und etwas wildartig. Heidschnuckenrücken gilt in Norddeutschland als besondere Delikatesse.

Hering,
Fisch, dessen Fett- und Eiweißgehalt je nach Fanggebiet und Rasse schwanken kann. Er kommt sowohl in der Nord- und Ostsee als auch im Atlantik vor. Als grüne Heringe bezeichnet man frische, ungesalzene und ungeräucherte Fische dieser Art. Der beliebte Matjes ist ein mild gesalzener Hering, der noch nicht gelaicht hat, also ohne Milch- und Rogenansatz ist.

Hirse
Sammelbegriff für eine Reihe kleinkörniger Getreidearten mit hohem Proteingehalt. Geschälte Hirse ist mattgelb bis schwarzbraun. Auch in der feinen Küche gewinnt Hirse immer mehr an Bedeutung, beispielsweise für Süßspeisen und Aufläufe.

Kalbfleischbrühe
ist feiner als Rindfleischbrühe. Für die Zubereitung werden 800 g Kalbsknochen und -abschnitte für eine Minute in kochendes Wasser gegeben und kalt abgespült. Dann werden sie in eineinhalb Liter kaltem Wasser zum Kochen gebracht und bei geringer Hitze zunächst drei Stunden geköchelt. Nach dieser Zeit das Weiße einer Stange Lauch, eine Möhre, ein Stück Sellerieknolle, eine mit zwei Gewürznelken und einem Lorbeerblatt gespickte Zwiebel, eine kleine Knoblauchzehe, einen Zweig Thymian, etwas Salz und fünf Eßlöffel Weißwein dazugeben. Die Brühe eine Stunde lang weiterköcheln lassen und zum Schluß durch ein sauberes Tuch gießen.

Kalbsfond,
siehe Fond.

Kapern,
kleine, dunkelgrüne geschlossene Knospen des vor allem in den Mittelmeerländern beheimateten Kapernstrauches. Sie kommen gesiebt, entwässert und in einer Essiglösung eingelegt in den Handel. Die besten und kleinsten Kapern sind unter der Bezeichnung »Nonpareilles« im Handel. Für das Gericht »Königsberger Klopse« sind Kapern unentbehrlich.

Karamelisieren,
geschmackliche und farbliche Veränderung von Zucker durch Erhitzen unter ständigem Rühren. Bei 160 Grad beginnt der Zukker zu bräunen. Steigt die Temperatur auf 180 Grad an, verdunkelt sich der Braunton. Man kann Zukker auch unter Zugabe von Wasser karamelisieren; dabei löst sich der Zucker sofort auf und verfärbt sich erst, wenn das Wasser langsam verdampft.

Kartäuserklöße,
kleine Klößchen aus eingeweichten Brötchen. Ihr Name ist die altertümliche Bezeichnung eines Fastengerichts und hat mit dem Orden der Kartäuser Mönche nichts zu tun.

Kastanien
sind die Früchte des Edlen oder Echten Kastanienbaumes. Man unterscheidet nach der Qualität in drei Arten: Eß- oder Edelkastanien (September/Oktober); sie müssen schnell verzehrt werden, da sie nicht lange haltbar sind. Maronen (ebenfalls im September/Oktober erhältlich) halten sich länger. Dauermaronen werden im November gepflückt. Diese Sorte hält sich am längsten. Um an den feinen Kern unter der Schale zu gelangen, werden die Kastanien kreuzweise eingeritzt und für fünf Minuten in kochendes Wasser gelegt. Dann kann die Schale entfernt werden. Die innere Kastanienhaut muß ebenfalls beseitigt werden. Kastanien verwendet man für Füllungen, Suppen, Eintöpfe und als Beilage zu Wildgerichten.

Kerbel,
feines, leicht nach Anis

schmeckendes Küchengewürz für Soßen und Suppen. Die Blätter und Stiele werden gehackt oder zum Garnieren verwendet.

Knoblauch,
Zwiebelgewächs, bei dem die jungen Knollen am zartesten schmecken. Je älter sie werden, um so strenger wird der Nachgeschmack. Knoblauch enthält reichlich Vitamin A, B und C. In der feinen Küche wird er nur sehr sparsam verwendet. Tip: Knoblauch nie in zu heißem Fett anbraten. Er verbrennt leicht und schmeckt dann bitter.

Konditorcreme
Einen Viertelliter Vollmilch, 50 g Zucker und eine halbe Vanillestange miteinander aufkochen. Die Vanillestange herausnehmen, das Mark herausschaben und wieder in die Milch geben. 50 g Zucker, 40 g Speisestärke, vier Eigelb und einen Viertelliter Milch vermischen. Nach und nach unter die kochende Milch rühren. Alles unter ständigem Rühren etwa ein bis zwei Minuten durchkochen lassen, bis eine Bindung entstanden ist. In eine Schüssel geben, mit Puderzucker bestäuben, damit sich keine Haut auf der Oberfläche der Creme bildet, und abkühlen lassen.

Kresse
Unter dieser Bezeichnung ist allgemein immer die Gartenkresse gemeint, die in kleinen Schachteln auf Nährboden in den Handel kommt. Sie schmeckt im Gegensatz zur Brunnenkresse (siehe dort) etwas schärfer.

Kümmel,
Samen des Kümmelkrautes. Würzt stark und muß deshalb vorsichtig dosiert werden. Kümmel paßt zu Weiß- und Rotkohl, Sauerkraut, Schweinebraten, Kartoffeln, Käse, Fisch und natürlich zu selbstgebakkenem Brot. Als beste Kümmelsorte gilt der Hallesche Kümmel.

Läuterzucker,
aus Zucker und Wasser hergestellter flüssiger Sirup. Einen halben Liter Wasser zusammen mit einem Kilo Zucker zum Kochen bringen. Unter mehrmaligem Abschäumen sirupartig einkochen lassen. Läuterzucker hält sich, in Flaschen gefüllt, nahezu unbegrenzt.

Lammbrühe,
wird mit Knochen und Abschnitten vom Lamm wie eine Fleischbrühe (siehe dort) zubereitet.

Leipziger Allerlei
Ein Gericht, das vermutlich in der Mitte des 19. Jahrhunderts in Leipzig erfunden wurde. Heute nur noch als Mischgemüse aus Erbsen, Möhren und Spargelspitzen bekannt. Nach den ältesten bekannten Rezepturen besteht es jedoch aus jungen Frühlingsgemüsen – vor allem aus Spargel, Möhren, Erbsen, Kohlrabi und Blumenkohl – sowie aus Morcheln, Krebsen und kleinen Semmelklößchen. Dieses Gericht wurde mit einer Krebsbutter serviert.

Liebstöckel,
wegen seines recht intensiven Suppengewürzaromas auch Maggikraut genannt. Die jungen, zarten Liebstöckelblättchen geben frisch gehackt auch Salaten eine besondere Note.

Lorbeer,
getrocknete Blätter des Lorbeerbaumes. Da der leicht bittere Lorbeergeschmack rasch dominiert, vorsichtig dosieren bei Fleischbrühe, Sauerbraten, Sauerkraut und Wildgerichten.

Majoran,
stark würzig und sehr intensiv schmeckendes Küchenkraut. Ähnlich ist Oregano, der wilde Majoran. Ideales Gewürz für Kartoffelsuppe, Tomatensoßen, Ente, Gans und Wildgerichte. Auch für fette Schweinebraten und für Innereien.

Marinade,
säurehaltiger, mit Gemüse, Gewürzen und Kräutern angereicherter Sud, in dem Fleisch oder Fisch eingelegt wird. Marinaden geben dem Fleisch Aromastoffe und machen es mürbe. Die in der Marinade enthaltene Säure lockert das Fleisch, so daß sich die Garzeit verringert.

Maßangaben,
die in diesem Buch verwendet wurden, und ihre Abkürzungen:

l	=	Liter
ml	=	Milliliter
cl	=	Zentiliter
EL	=	Eßlöffel
TL	=	Teelöffel
g	=	Gramm
kg	=	Kilogramm
Msp	=	Messerspitze
Prise	=	die Menge, die zwischen zwei Fingerspitzen zu fassen ist.

Richtwerte:
Maß für einen normalen Eß- oder Teelöffel, gestrichen (!) voll:

Lebensmittel	EL	TL
Mehl	10 g	3 g
Speisestärke	10 g	5 g
Zucker	15 g	5 g
Salz	10 g	5 g
Fett	15 g	5 g
Öl	10 g	5 g
Puderzucker	10 g	3 g

Die Umrechnungstabelle für Flüssigkeiten:

1/8 l = 125 ml
1/4 l = 250 ml
1/2 l = 500 ml
1 l = 1000 ml
0,1 l = 100 ml
1 cl = 10 ml

Maultaschen,
schwäbische Spezialität: Kleine Taschen aus Nudelteig, die mit Fleisch und Spinat, nur mit Gemüse oder mit Obst gefüllt sind. Es gibt auch Varianten, bei denen der Teig mit Kartoffeln zubereitet wird.

Miesmuschel,
bekannteste eßbare Muschel aus der Nordsee und dem Atlantik. Die Schalen sind außen schwarz und innen weiß. Nur lebende frische Muscheln werden zum Verzehr verkauft. Das Angebot wird von den Hygienebehörden kontinuierlich überwacht. Ungekochte Muscheln, die sich bei Berührung nicht schließen, und Muscheln, die sich beim Kochen nicht öffnen, sind ungenießbar.

Mohn
Die Samen des Gartenmohns haben einen beträchtlichen Eiweißanteil und einen Ölgehalt von etwa 50 Prozent. Mohnsamen werden als Backgewürz und auch für Süßspeisen verwendet.

Morcheln,
feine Speisepilze mit bienenkorb- oder glockenartigem Hut von hellbrauner Farbe. Sie wachsen zwischen Mai und Juni in humusreichem Gebüsch. Frische Morcheln müssen unter fließendem Wasser gut gewaschen werden, da sich in dem wabenartig gefächerten Kopf viel Sand festsetzt. Auch getrocknete Morcheln sind im Handel.

Muskat
hat einen runden, starken Geschmack; besonders intensiv ist der von der frisch geriebenen Muskatnuß. Der rote Samenmantel der Muskatnuß wird Muskatblüte (Macis) genannt. Er wird bei der Ernte der Nüsse entfernt und getrocknet, schmeckt zarter und milder als die Muskatnuß und kommt meist gemahlen in den Handel.

Nelke,
auch Gewürznelke, ist sowohl im Ganzen als auch gemahlen zu verwenden. Gewürznelken sind stark aromatisch. Deshalb sollte man sie sparsam dosieren. Ideales Gewürz für Rotkohl, Fleisch- und Hühnerbrühe, Schweine- und Rinderbraten, Birnenkompott und für die gespickte Zwiebel.

Oregano,
siehe Majoran.

Paprika
wird in Gemüse- und Gewürzpaprika unterteilt. Gemüsepaprika sind die grünen, roten oder gelben Schoten, die frisch auf den Markt kommen. In der feinen Küche werden in erster Linie enthäutete Paprikaschoten verwendet. Der Vorgang: Paprika teilen, die Kerne entfernen, die Schale kurz in heißes Öl oder in den auf 225 Grad vorgeheizten Backofen legen, bis sie sich leicht bräunt. Dann etwas abkühlen lassen und die Haut abziehen. Gewürzpaprika als Pulver gibt es von mild bis sehr scharf unter folgenden Namen: Delikateß-, Edelsüß-, Halbsüß- und Rosen-Paprika. Wenn im Rezept keine bestimmte Sorte genannt wird, sollte stets Edelsüß-Paprika verwendet werden.

Petersilie,
wichtigstes und bekannte-

stes deutsches Gewürzkraut mit hohem Vitamin-C-Gehalt. Petersilie wird glatt und kraus angeboten, außerdem gibt es Petersilienwurzeln fürs Suppengrün. In der Küche wird in erster Linie die glatte Petersilie verwendet, weil ihr Aroma intensiver ist.

Pfeffer
wird getrocknet als roter, weißer und schwarzer Pfeffer angeboten; der schwarze ist am schärfsten. Daneben gibt es noch grünen und rosa Pfeffer. Der sehr scharfe Cayennepfeffer wird aus getrockneten Chilischoten hergestellt, einer kleinfruchtigen Abart der Paprikaschoten. Dieser Pfeffer gehört zu den schärfsten Gewürzen.

Pfitzauf,
Nachspeise aus einem Eier-Milch-Teig, der beim Backvorgang oberhalb des Pfitzaufförmchens (oder der stattdessen verwendeten Steinguttasse) wie ein Ballon aufgeht. Diese Nachspeise hat ihren Namen von einer schwäbischen Redewendung: »Das pfitzt auf« bedeutet soviel wie: es geht explosionsartig auf.

Piment,
auch Nelkenpfeffer, riecht und schmeckt ein bißchen nach Pfeffer, Muskat, Zimt und Nelken. Piment wird auch Allgewürz genannt, weil man es so vielseitig verwenden kann. Für Fischsuppen, Kochfischsud, Schweine- oder Rinderbraten, Ochsenschwanzsuppe, Fleischbrühe, Wild, für kräftige Soßen und natürlich für die Weihnachtsbäckerei.

Pimpernell,
auch Pimpinelle oder Bibernelle, hat in frischem Zustand ein leicht nußartiges Aroma mit feiner Säure. Für Salate, Gurken-, Fisch- oder Lammgerichte.

Rauchbier,
dunkles Bier mit starkem Rauchgeschmack; eine lokale Spezialität in Franken.

Rinderbrühe,
siehe Fleischbrühe.

Rindfleischbrühe,
siehe Fleischbrühe.

Risotto,
ursprünglich ein Reisgericht aus der italienischen Küche. Rundkornreis wird in Fett angedünstet und so lange mit Flüssigkeit (Wein, Brühe) verkocht, bis er eine breiartige Konsistenz hat, die einzelnen Körner jedoch noch Biß haben. Inzwischen wird der in die internationale Kochsprache übernommene Begriff Risotto auch für andere körnige Gerichte verwendet, die auf diese Art zubereitet werden.

Röstgemüse,
eine Gemüsemischung aus gewürfelten Zwiebeln, Möhren, Knollensellerie und Petersilienwurzeln zum Ansetzen von dunklen Brühen und Fonds sowie zum Braten von Wild, Fleisch oder Geflügel, wobei das Röstgemüse erst nach dem Anbraten zugegeben wird. Die Größe der Gemüsewürfel richtet sich nach der Anbratzeit: je länger die Anbratzeit, um so größer die Würfel.

Rose abziehen,
küchentechnischer Fachausdruck für die Bindung einer Creme oder Soße mit Eigelb unter ständigem Rühren bei geringer Hitzezufuhr oder im Wasserbad. Die richtige Konsistenz ist folgendermaßen festzustellen: Holzlöffel in die zubereitete Masse tauchen, auf die daran haftende Creme blasen. Es muß eine rosenartige Form entstehen, die nicht wieder verläuft.

Rosmarin,
würzig-harzig schmeckendes Kraut mit intensivem Aroma. Es paßt gut zu deftigen Speisen wie Schweinebraten, zu Kaninchen, Geflügel und ist ein ideales Gewürz für Lammgerichte sowie für Gerichte, die mit Wein und Knoblauch zubereitet werden.

Roulade,
mit Füllung belegte oder bestrichene und eingerollte dünne Fleischscheiben, meist vom Rind oder Schwein. Rouladen, wenn im Rezept nicht anders angegeben, kräftig in Öl anbraten und anschlie-

ßend in Wasser, Brühe oder Wein schmoren.

Safran,
würziges, leicht süßbitteres Gewürz, dessen Name vom arabischen Wort za'fran = gelb abgeleitet wurde. Safran färbt intensiv gelb. Er gilt als teuerstes Gewürz der Welt, da die Ernte sehr aufwendig ist. Zum Färben benötigt man nur eine winzige Menge. Erhältlich als Safranfäden oder -pulver. Beides wird vor der Verwendung meist in etwas heißer Flüssigkeit aufgelöst.

Sago,
gekörnte Speisestärke; wird in Deutschland vorwiegend aus Kartoffelmehl hergestellt. Sago ist geschmacksneutral und dient u.a. zum Andicken von Suppen sowie von süßen Fruchtgrützen.

Sardellen,
auch Anchovis (spanische Bezeichnung für Sardellen). Verwendet werden meist die in Salz oder Öl eingelegten Filets von gesalzenen Sardellen.

Schmoren,
kräftiges Anbraten und Bräunen in wenig Fett im offenen und anschließendes Fertiggaren unter Zugabe von Flüssigkeit (Brühe, Fond, Wasser, Wein) im geschlossenen Topf. Fertig gegart wird auf der Kochstelle oder im vorgeheizten Backofen.

Schokoladensoße
Einen Viertelliter süße Sahne mit 30 g Bienenhonig und einer halben Vanillestange aufkochen lassen. 200 g zerkleinerte Schokoladenkuvertüre in einem heißen Wasserbad schmelzen lassen. Die Vanillestange aus der Sahne nehmen, das Mark herausschaben und mit der Sahne mischen. Dann die heiße Vanillesahne nach und nach unter die geschmolzene Kuvertüre rühren.

Schweinebacke,
Stück vom Schweinekopf mit festem Muskelfleisch. Schweinebacke gibt beim Garen einen würzigen Saft ab und wird deshalb gern entweder für Sülze oder gepökelt und geräuchert für Eintöpfe verwendet.

Schweinenetz,
auch Netz; weiches, fetthaltiges Gewebe des Bauchfells. Es gibt frisches oder gesalzenes Schweinenetz, wobei das zuletzt genannte zum Weichen und Entsalzen für etwa 10–15 Minuten in kaltes Wasser gelegt werden muß. In der feinen Küche wickelt man das Schweinenetz um Füllungen oder Fleisch, damit es in Form und saftig bleibt. Schweinenetz muß beim Metzger vorbestellt werden.

Spätzle,
schwäbische Nudelspezialität. Das Originalrezept für vier Personen: 160 g Mehl mit vier Eiern mischen und so lange schlagen, bis der Teig Blasen wirft. Etwas Teig auf einem angefeuchteten Holzbrett mit dem Küchenmesser glattstreichen. Das Brett mit dem Teig ganz kurz in kochendes Salzwasser tauchen, dann mit dem Messer Teigstreifen vom Brett ins Wasser schaben. Kurz aufkochen, in ein Sieb geben, abschrecken. Vor dem Servieren in zerlassener Butter unter Schwenken erhitzen. Es gibt auch Spätzlereiben, die das Schaben des Teiges vom Holzbrett unnötig machen.

Sülze
Schweinskopf oder Eisbein wird unter Zugabe frischer Schweineschwarten in essiggewürzter Brühe gekocht, die beim Erkalten geliert. Auch Fisch oder Gemüse kann für Sülzen verwendet werden, wobei allerdings eine Zugabe von Gelatine zum Gelieren der meist geklärten Brühe notwendig ist.

Thymian,
auch Römischer Quendel. Ein Gewürzkraut mit kräftig scharfem Geschmack, das in Kräutersträußchen für Suppen, Soßen und Fonds nicht fehlen darf. Etwas zarter im Geschmack ist der Zitronenthymian.

Tranchieren,
fachgerechtes Zerlegen (siehe dort) von Geflügel.

Trüffel,
teuerster Pilz der Welt, von Brillat-Savarin »Diamant

der Küche« genannt, entwickelt frisch einzigartige Geschmacks- und Geruchsqualitäten. Trüffeln werden auch heute noch mit Hilfe von abgerichteten Hunden oder durch Schweine aufgespürt. Es wird zwischen den feineren schwarzen und den geschmacklich etwas derberen weißen Trüffeln unterschieden. Trüffelsaft nennt man die Flüssigkeit, in der Trüffeln konserviert werden.

Vanille,
auch Vanillestange; Fruchtschote einer tropischen Orchideenart, die gepflückt wird, bevor sie völlig ausgereift ist. Das Vanillemark, das sich im Innern der Schote befindet, würzt am aromatischsten. Bekannteste Sorte: Bourbon-Vanille.

Vanillesoße
Einen Viertelliter Vollmilch zusammen mit dem Mark einer Vanilleschote aufkochen lassen. 125 g Zucker und vier Eigelb schaumig rühren. Nach und nach die heiße Vanillemilch unterrühren. Unter ständigem Rühren bis zur Bindung erhitzen, aber nicht kochen, weil sonst das Eigelb gerinnt. Die Soße durch ein feines Sieb gießen und etwas geschlagene Sahne unterheben.

Wacholderbeeren,
auch Machandelbeeren; leicht bittere, etwas harzig schmeckende Beeren, die getrocknet in den Handel kommen. Ideales Gewürz für Wild, Marinaden und für Sauerkraut.

Waller,
auch Wels; ein Süßwasserfisch, der vor allem in der Donau gefangen wird. Es kommen aber auch Waller in den Handel, die in Teichen gezüchtet wurden. Sehr wohlschmeckend ist das Fleisch junger, etwa zwei bis drei Kilo schwerer Fische; die älteren sind oft zäh.

Wasserbad
Empfindliche Soßen oder Cremespeisen, die als Zutaten Butter, Eier oder Sahne enthalten, können durch starke Hitze leicht gerinnen oder anbrennen. Deshalb bereitet man sie in einem Wasserbad zu. Man hängt das Gefäß, in dem sie zubereitet werden, in einen Topf mit heißem Wasser, wobei der Topfboden nicht berührt werden darf. Ideal sind doppelwandige Spezialtöpfe, sogenannte Simmertöpfe, die das herkömmliche Wasserbad ersetzen. Puddings oder Aufläufe, die in einem Wasserbad im Backofen gegart werden, stellt man in die mit Wasser gefüllte Fettfangschale, ein tiefes Backblech oder auf den Boden eines entsprechend großen Topfes mit hitzebeständigen Griffen. Die Förmchen sollten zur Hälfte im Wasser stehen.

Wildbrühe, Wildfond,
siehe Fleischbrühe oder Fond.

Zander,
Süßwasserfisch aus der Familie der Barsche. Er hat besonders zartes schmackhaftes, grätenarmes Fleisch. Zander werden auch in Teichen gezüchtet.

Zerlegen,
auch Tranchieren genannt, ist der Fachausdruck für das sachgerechte Zerschneiden von Geflügel. Ob es sich um Hähnchen, Ente oder Truthahn handelt – zuerst werden immer die Keulen herausgetrennt, indem man mit einem sehr scharfen Messer die Haut an der Innenseite der Keule einschneidet, dann das Gelenk durchtrennt und die Keule vom Körper löst. Ebenso werden die Flügel herausgeschnitten. Dann wird das Fleisch von beiden Seiten des Brustknochens abgelöst und in breite Streifen (Tranchen) geschnitten. Man kann das Geflügel auch mit einer Geflügelschere entlang des Brustbeins halbieren.

Zimt,
auch Canehl; von der Borke befreite Innenrinde des tropischen Zimtbaumes. Zimt kommt in Stangenform oder gemahlen in den Handel. Wesentlicher Bestandteil der Lebkuchen- oder Printengewürzmischung.

Zwischenrippenstück,
auch als Rumpsteak bezeichnet, ist eines der beliebtesten Kurzbratstücke.

Register